Excel-Führerschein

von

Renate Gayer

Ruth Ebert

winklers

Vorwort

Einfach, handlungs- und praxisgerecht werden alle, die Excel erlernen wollen, in das Programm eingeführt. Vorkenntnisse in Excel sind *nicht* erforderlich.

Zunächst erläutern wir an einfachen Beispielen die wesentlichen Programmfunktionen von Excel. In weiteren Situationsaufgaben greifen wir auf bereits erstellte Tabellen zurück, um neue Lerninhalte mit steigendem Schwierigkeitsgrad zu erarbeiten.

Die betriebsbezogenen Fallbeispiele haben wir in 6 Projekte eingeteilt, wie sie bei der täglichen Arbeit im Büro anfallen. Die Übungen bauen aufeinander auf und werden projektorientiert abschließend grafisch dargestellt. Auch der private Einsatz wird anhand der Erstellung eines Haushaltsbuches aufgezeigt. Zahlreiche Anwendungen von Excel werden dabei anschaulich erarbeitet und vertieft. Die Projekte können auch unabhängig voneinander erarbeitet werden.

Es ist nicht unser Ziel, alle Excel-Funktionen vorzustellen, sondern solide und wichtige Grundlagen zu vermitteln.

Zur Veranschaulichung der Situationsaufgaben beziehen wir uns auf alltägliche Arbeitssituationen in einem Unternehmen und haben uns dazu die Firma SPORTLINE KG ausgedacht. Die SPORTLINE KG stellt hochwertige Sportartikel her und vertreibt ihre Produkte weltweit.

Auf Hardwareerläuterungen und Mausbedienung haben wir verzichtet, da wir dies als bekannt voraussetzen, ebenso Grundkenntnisse in Windows.

Aufgaben und Übungen zu den Lerneinheiten vertiefen das Grundwissen. Zusätzliche Aufgaben und Lösungen zu den Projekten sowie eine Übersicht der gängigen Fachausdrücke werden auf einer separaten Diskette angeboten. Auch im Internet finden Sie auf der Homepage des Verlages weitere Aufgaben und Lösungen.

Das Buch eignet sich für alle Schulformen, Ausbildungsstufen und in der Erwachsenenbildung.

Viel Arbeitsfreude und Erfolg mit diesem Buch wünschen

die Autorinnen

2., überarbeitete und erweiterte Auflage, 2005

Postfach 11 15 52
64230 Darmstadt
Telefon: 06151 8768-0 Fax: 06151 8768-61
http://www.winklers.de
Druck: westermann druck GmbH, Braunschweig
ISBN 3-8045-**4689**-7

VWD46892

Inhaltsverzeichnis

Projektbeschreibung

Projekt 1 Einführung in Excel

Schritt für Schritt wird der Benutzer durch das Programm Excel geführt. Dabei werden mithilfe einer Situationsaufgabe gute Grundkenntnisse erworben. Vorteile von Excel werden erläutert und Möglichkeiten des Einsatzes von Excel vorgestellt. Excel-Arbeitsbereich, Symbole und wichtige Mausfunktionen werden genau erarbeitet. Der Umgang mit Arbeitsmappen wird geübt und erste Berechnungen durchgeführt.

Projekt 2 Vertreterumsätze

Anhand von Situationsaufgaben – wie sie in der täglichen Praxis vorkommen – werden u. a. größere Tabellen erstellt, bearbeitet, formatiert, sortiert und gedruckt.

Das umfangreiche Zahlenmaterial, welches im Laufe des Projektes entsteht, wird auf vielfältige Weise dargestellt. Zahlreiche Funktionen, z. B. Filtern, Berechnen, Fixieren, Kopieren, werden geübt. Auch auf Kopf- und Fußzeilen sowie das AutoAusfüllen wird eingegangen.

Der Anwender vertieft in diesem Aufgabenteil sein Grundwissen über Excel, welches schrittweise aufgebaut und mit praxisgerechten Beispielen erweitert wird.

Projekt 3 Haushaltsbuch

Aufbauend auf dem erarbeiteten Grundwissen wird ein Haushaltsbuch geplant, erstellt, ergänzt, formatiert usw.

Dabei wird das rationelle Arbeiten im Gruppenmodus, z. B. auch das Kopieren, Löschen und Formatieren, intensiv geübt. Weiter werden im Gruppenmodus Ergänzungen vorgenommen, Formeln eingegeben und Berechnungen durchgeführt.

Ermittelte Werte werden mit anderen Tabellenblättern sinnvoll verknüpft.

Das Erstellen und Pflegen eines Arbeitszeitkontos führt den Anwender leicht verständlich in das Arbeiten mit Zeitwerten ein.

Projekt 4 Diagramm

Dem Motto folgend, „Ein Bild sagt mehr als tausend Worte", werden die Ein- und Ausgaben des Haushaltsbuches grafisch aufbereitet und in einem Diagramm dargestellt. Die optisch aufbereiteten statistischen Werte werden so deutlich.

Projekt 5 Statistische Erhebungen

Häufig müssen umfangreiche Daten statistisch aufbereitet und ausgewertet werden. Die Daten sollten einen schnellen Überblick über Durchschnittsumsätze, Höchstumsätze oder niedrige Umsatzzahlen vermitteln.

Auch in diesem Projekt sind aufgrund von Situationsaufgaben folgende Aufgaben zu lösen – dabei wird u. a. auch mit absoluten Zellbezügen gearbeitet. Wie man das umfangreiche Zahlenmaterial einfach und übersichtlich darstellt, lernt der Anwender mit den umfassender werdenden Aufgaben.

- → Provisionen ermitteln
- → Kostenanalyse für Portokosten erstellen
- → Arbeitszeit und Aushilfslöhne ermitteln

Projekt 6 Rechnung

Formulare erleichtern und rationalisieren den Schreibaufwand erheblich. Ein Rechnungsvordruck, in dem alle feststehenden Angaben gespeichert und Formeln hinterlegt sind, damit die Berechnungen schnell und einfach durchgeführt oder aktualisiert werden können, rundet dieses Buch ab.

Schrittweise wird der Nutzer in das Erstellen und Speichern einer Mustervorlage eingeführt und über das Hinterlegen von Formeln informiert.

1 Einstieg

Christina ist im 2. Ausbildungsjahr bei der Firma SPORTLINE KG. Seit 3 Wochen ist sie im Vertrieb. Während ihrer Ausbildung hat sie festgestellt, dass viele Mitarbeiter der Firma das Programm Excel für unterschiedliche Aufgaben und Anwendungsbereiche nutzen.

Christina hat noch keine Excel-Kenntnisse, aber Kenntnisse in Windows und Word. Ihre Vorgesetzte Frau Jung kennt sich sehr gut mit dem Programm Excel aus. Sie war Christina schon öfter behilflich und wird sie bestimmt beraten, wie sie mehr Transparenz in ihre Finanzen bringen kann. Gerne unterstützt Frau Jung die Initiative von Christina und sie vereinbaren einen Arbeitstermin.

In der Arbeitssitzung mit Frau Jung erfährt Christina zunächst Grundlegendes über Excel.

2 Was ist Excel?

Excel ist ein weit verbreitetes leistungsfähiges Tabellenkalkulationsprogramm und Bestandteil des MS-Office-Paketes.

Eine mit Excel erstellte Tabelle ist dabei nichts anderes als ein „elektronisches" Kalkulationsblatt. Hier können Texte, Zahlen und Formeln eingetragen werden. Ändern sich z. B. in einer Tabelle oder einer Rechnung die Werte, werden die Ergebnisse automatisch neu berechnet und angezeigt.

Das Kalkulationsblatt ist schachbrettartig in ein Koordinatensystem aufgeteilt. Dadurch kann jedes Feld (genannt Zelle) durch die Spalten- (gekennzeichnet mit Großbuchstaben) und Zeilenbezeichnung (mit Ziffern versehen) exakt bestimmt werden. Soll mit bestimmten Werten gerechnet werden, so sind entsprechende Formeln in die Tabelle einzutragen.

Frau Jung zeigt Christina den Ausschnitt einer in Excel erstellten Rechnung, um ihr zu erklären, wie Excel funktioniert.

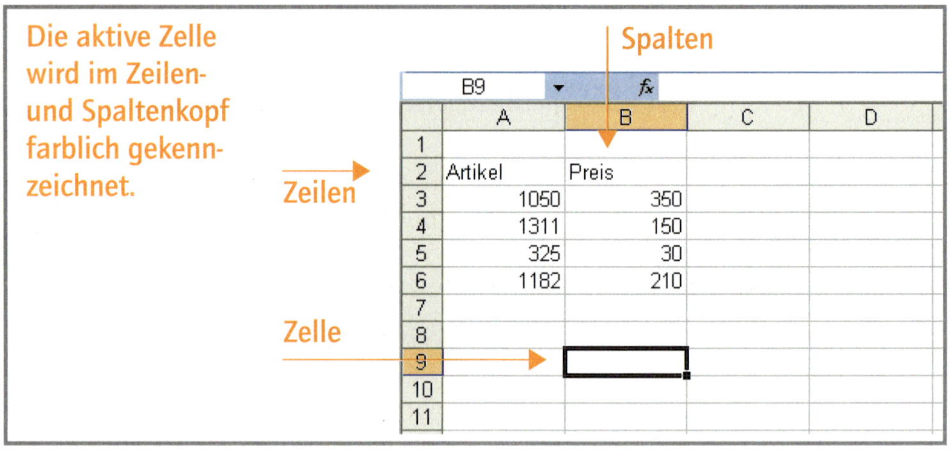

Weiterhin bietet Excel die Möglichkeit, die Daten einer Tabelle in einem Diagramm darzustellen.

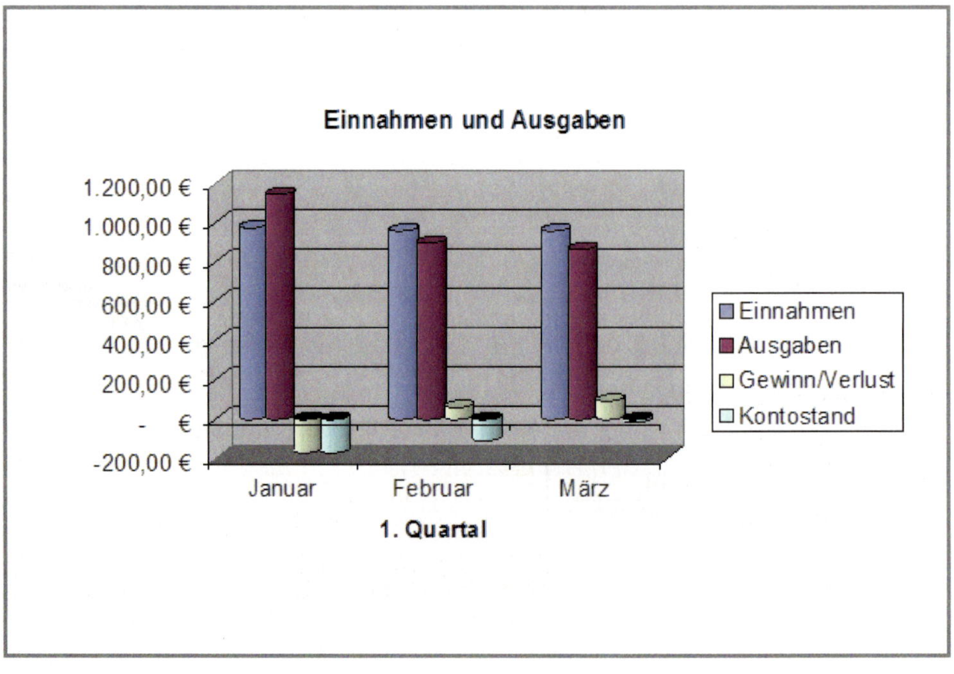

PC46896

3 Wo kann Excel eingesetzt werden?

In Unternehmen, Banken und Verwaltungen sind Tabellenkalkulationsprogramme unverzichtbarer Bestandteil der Softwareausstattung. Sie leisten wertvolle Hilfe bei:

- Erstellung von Angebotsvergleichen
- Investitionsplänen
- Statistiken
- Lagerverwaltung
- Bilanzanalysen
- Kalkulationen
- Kostenrechnungen
- Datenbankfunktionen usw.

4 Welche Vorteile hat der Einsatz von Excel?

Excel unterstützt bei:

- Erstellung einfacher und schwieriger Berechnungen
- Durchführung mathematischer Operationen
- Automatischer Aktualisierung der Ergebnisse
- Grafischer Aufbereitung der Daten

Christina erkennt die vielfältigen Einsatz- und Verwendungsmöglichkeiten und will sofort mit dem Arbeiten in Excel beginnen.

Frau Jung weist Christina darauf hin, dass zunächst grundlegendes Wissen über Excel notwendig ist, damit sie ihr Haushaltsbuch erstellen kann. Gerne will sie Christina in das Arbeiten mit Excel einführen. Mit kleinen praktischen Übungen und Aufgaben, wie sie in der Abteilung anfallen, will sie Christina mit dem Arbeiten in Excel vertraut machen.

5 Excel starten

Wie alle anderen MS-Office-Programme startet Christina das Excel-Programm über die *Schaltfläche* **Start** in der Taskleiste.

1. Start
2. Alle Programme
3. Microsoft Office
4. Microsoft Office Excel 2003

Wurde das Programm Excel bereits gestartet, kann es direkt nach einem Klick auf die *Schaltfläche* **Start** aus dem Pop-up-Menü gestartet werden.

6 Excel-Arbeitsbereich

Das erste Tabellenblatt einer Arbeitsmappe erscheint auf dem Bildschirm. Der Excel-Arbeitsbereich ist geöffnet.

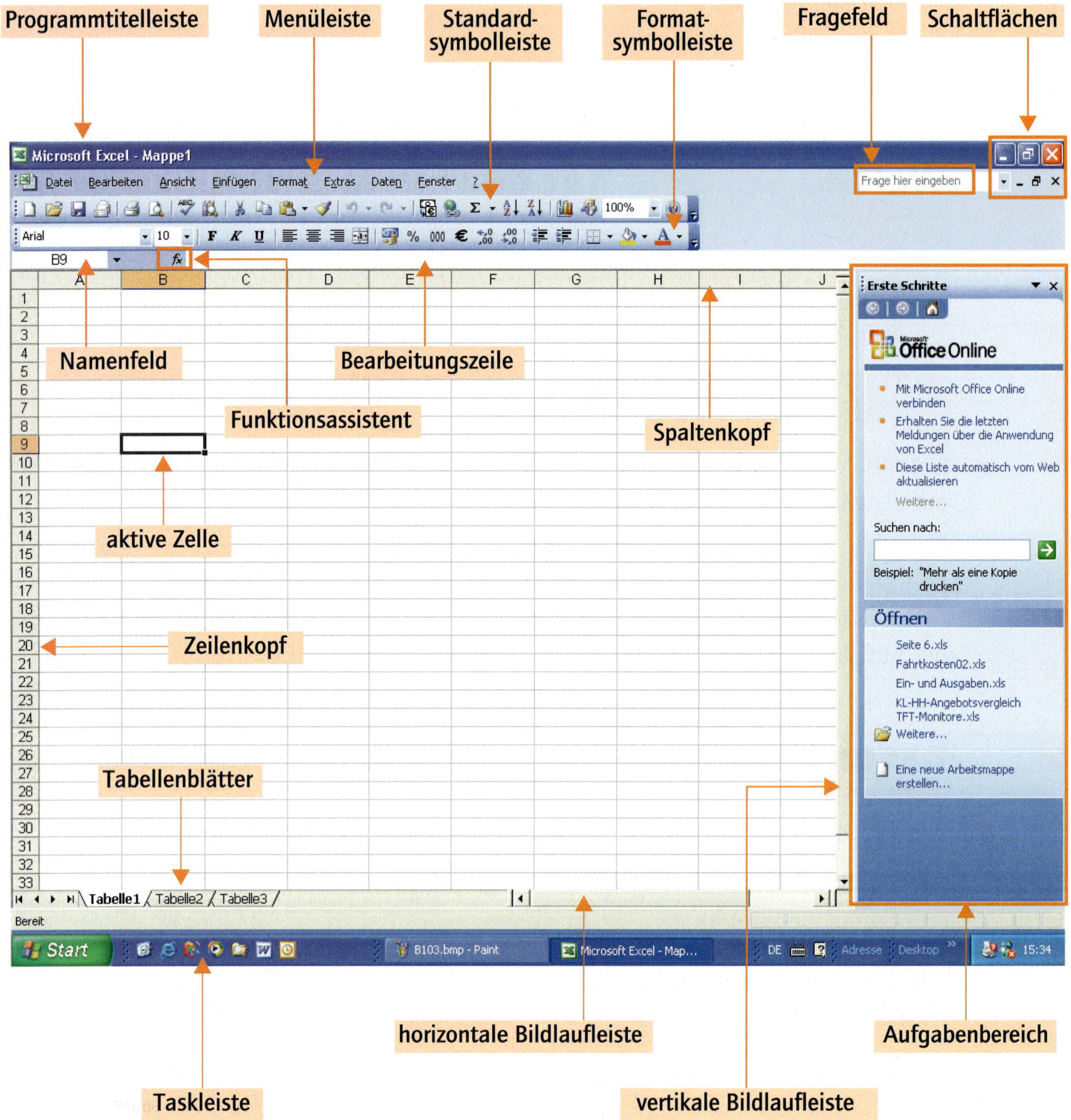

Eine Excel-Tabelle kann maximal

65 536 Zeilen und 256 Spalten

enthalten. Das ergibt über 16 Millionen Zellen. Eine Zelle kann bis zu 32 000 Zeichen für Text oder 1 024 Zeichen für den Formelinhalt enthalten.

Programmtitelleiste	Programmname, Dateiname
Schaltflächen	Standardschaltflächen von Windows für Vollbild, zum Schließen und Minimieren von Fenstern und Programmen
Fragefeld	Hilfe- und Suchfunktion
Menüleiste	Programmfunktionen, Öffnen von Pull-down-Menüs mit weiteren Auswahlmöglichkeiten
Standardsymbolleiste	Schnelle und direkte Auswahl von Befehlen
Formatsymbolleiste	Schnelle Formatierungsauswahl
Namenfeld	Zeigt die aktive Zelle oder den Bearbeitungsvorgang
Funktionsassistent	Aufrufen des Funktionsassistenten
Bearbeitungszeile	Daten können hier eingegeben oder bearbeitet werden
Spaltenkopf	Spalten sind senkrecht angeordnet und mit Großbuchstaben versehen
Aktive Zelle	Gekennzeichnet durch schwarze Umrandung
Zeilenkopf	Zeilen sind waagrecht eingeteilt und mit Ziffern gekennzeichnet
Tabellenblätter	Bestandteil einer Excel-Mappe
Statusleiste	Gibt Auskunft über den Bearbeitungs- und Programmstand
Zeichnensymbolleiste	Umfangreiche Auswahl zur Gestaltung und Formatierung
Horizontale Bildlaufleiste und vertikale Bildlaufleiste	Zum Bewegen der Bildschirmansicht
Taskleiste	Anzeige und schneller Wechsel zwischen geöffneten Programmen und Dateien
Aufgabenbereich	Schnelle Auskunft über Aufgaben und Arbeitsvorgänge

Excel merkt sich die Befehle, die häufig verwendet werden. Diese sind nicht sofort sichtbar. Mit einem Klick auf den nach unten zeigenden Doppelpfeil, werden alle Befehle für das ausgewählte Menü sichtbar.

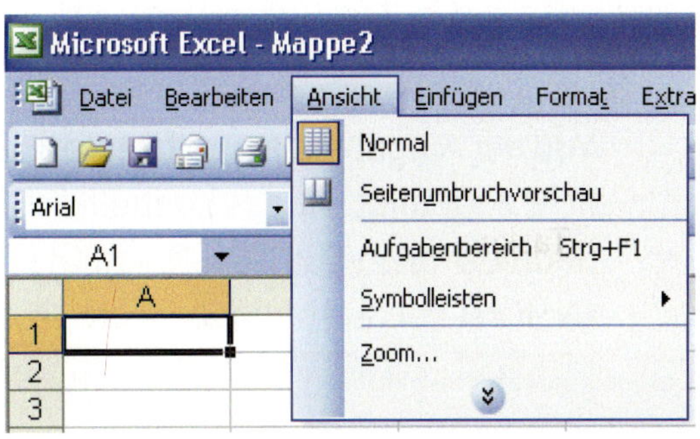

6.1 Excel-Aufgabenbereich

Nach jedem Start von Excel wird rechts der Aufgabenbereich eingeblendet. Der Aufgabenbereich gibt schnell Auskunft über Aufgaben und Arbeitsvorgänge. Außerdem werden gespeicherte Arbeitsmappen angezeigt und können direkt aufgerufen werden.

Mit einem Klick auf die *Schaltfläche* **Schließen** neben der Titelleiste „Erste Schritte" wird der Aufgabenbereich ausgeblendet.

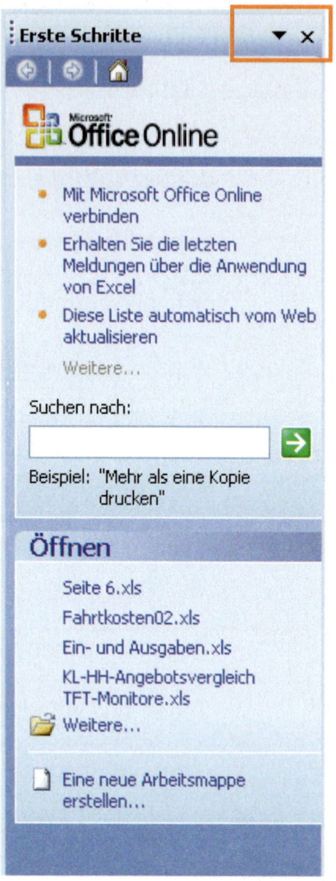

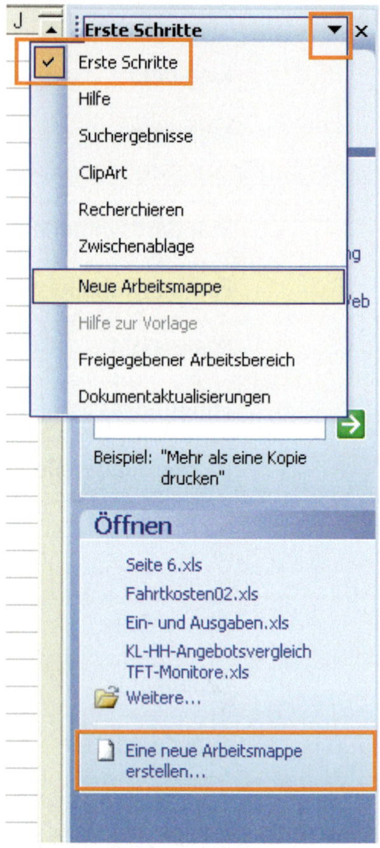

Der Aufgabenbereich kann mit der Tastenkombination **STRG** + **F 1** ein- und ausgeblendet werden. Auch über das *Menü* ANSICHT – AUFGABENBEREICH ist dies möglich.

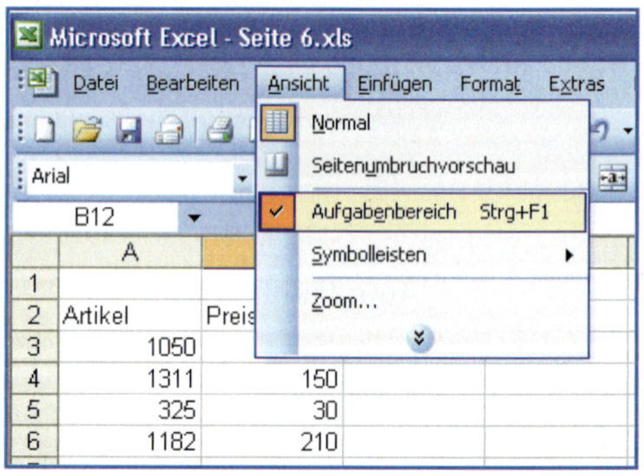

Wird der Aufgabenbereich beim Starten von Excel nicht angezeigt, ist das Kontrollkästchen über *Menü* EXTRAS –OPTIONEN – REGISTERKARTE – ANSICHT vor Startaufgabenbereich zu aktivieren.

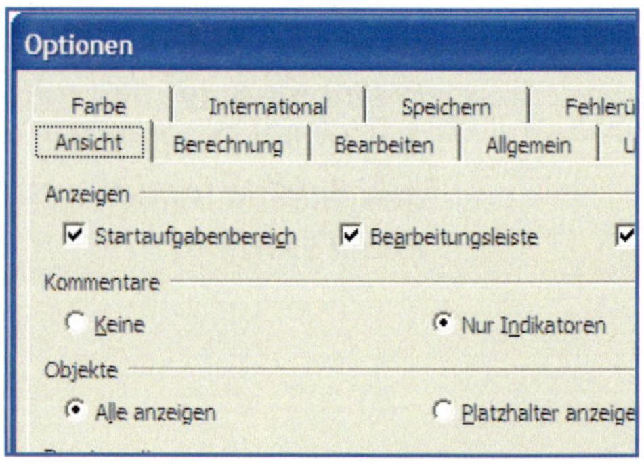

6.2 Standardsymbolleiste und Formatsymbolleiste in zwei Reihen anzeigen lassen

Um alle Schaltflächen der Symbolleisten auf einen Blick zu sehen und schnell Zugriff zu haben, klickt man mit der linken Maustaste auf den kleinen Pfeil am Ende einer Symbolleiste und wählt **Schaltflächen in zwei Reihen anzeigen** aus.

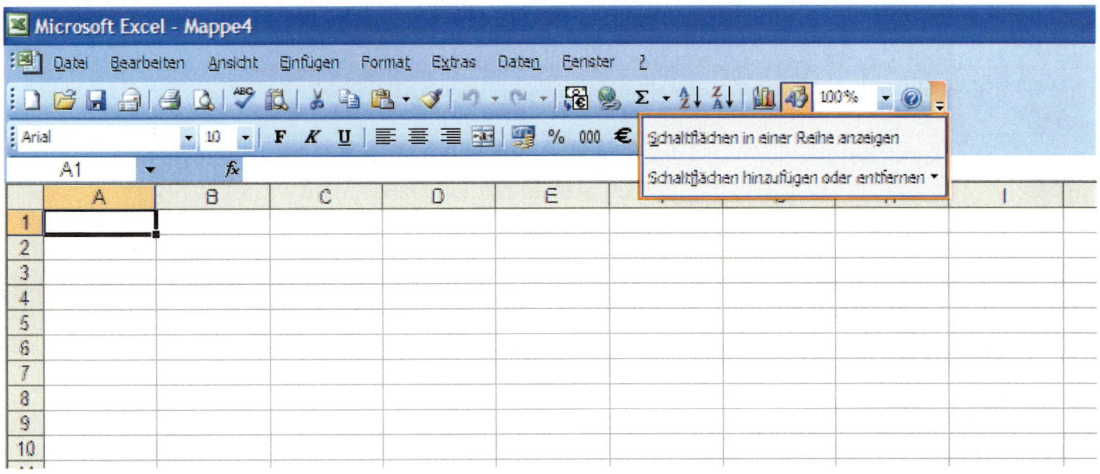

6.3 Was ist eine Zelle?

Der Schnittpunkt einer Spalte und einer Zeile ist die Zelle. Die Zelle wird durch eine Kombination aus Buchstaben und Zahlen bezeichnet, z. B. B9 .

Excel kann nur mit Zahlen rechnen – nicht mit Texten.

Daher ist die Eingabe von Text und Zahl streng zu trennen.

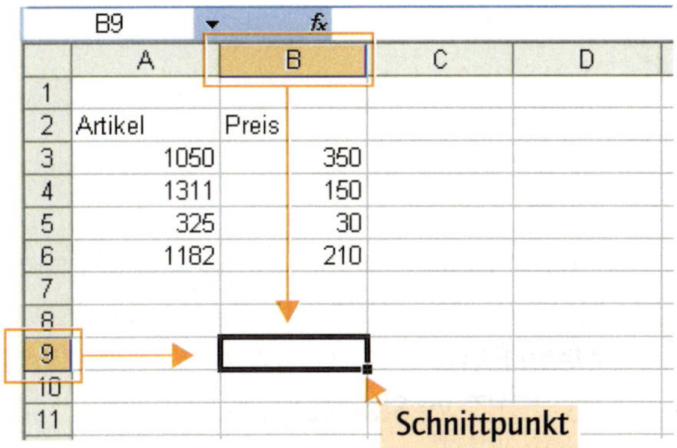

7 Excel-Symbolleiste

Beim Starten von Excel wird automatisch die Standardsymbolleiste angezeigt. Die Symbolleiste ermöglicht ein schnelles Ausführen von Befehlen. Über das Menü – ANSICHT – SYMBOLLEISTE kann diese ein- oder ausgeblendet werden.

→ Um sich mit der Standardsymbolleiste vertraut zu machen, führt Christina den Mauszeiger auf die Symbole, um sich mit Quickinfo die Kurzbeschreibung anzeigen zu lassen.

Symbol	Quick-Info	Bedeutung
	**Neu**	Öffnet leere Excel-Arbeitsmappe
	**Öffnen**	Öffnet gespeicherte Arbeitsmappe
	**Speichern**	Speichert die aktive Arbeitsmappe unter aktuellem Dateinamen, Ablageort und Dateiformat
	**E-Mail**	Arbeitsmappe als E-Mail versenden
	**Drucken**	Drucken des aktiven Tabellenblattes
	**Seitenansicht**	Ansicht, wie der Ausdruck
	**Rechtschreibung**	Überprüft die Rechtschreibung im aktiven Tabellenblatt
	**Recherchieren**	Informationen auf dem Computer und online nachschlagen
	**Ausschneiden**	Entfernt den markierten Bereich in die Zwischenablage
	**Kopieren**	Kopiert die Markierung in die Zwischenablage
	**Einfügen**	Fügt den Inhalt der Zwischenablage an der Einfügemarke ein
	**Format übertragen**	Zuvor hinterlegtes Format wird übertragen
	**Rückgängig**	Letzte Befehle rückgängig machen
	**Wiederholen**	Aktion des Befehls **Rückgängig** zurücknehmen
	**Euroumrechnung**	Konvertieren von Werten oder Formeln in Euro oder eine andere Währung
	**Hyperlink einfügen**	Hyperlink einfügen bzw. bearbeiten
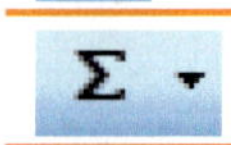	**AutoSumme**	Automatisches Addieren von Werten
	**Aufsteigend sortieren**	Sortieren einer markierten Liste
	**Absteigend sortieren**	Sortieren einer markierten Liste
	**Diagramm-Assistent**	Diagramm-Assistenten starten
	**Zeichnen**	Ein- und Ausblenden der Zeichensymbolleiste
	**Zoom**	Vergrößern oder Verkleinern der Anzeige des aktiven Dokumentes
	**Microsoft-Excel-Hilfe**	Einblenden des Office-Assistenten – Hilfe und Tipps

8 Mauszeiger

In Excel kann der Mauszeiger verschiedene Formen entsprechend der Verwendung annehmen. Außerhalb der Tabelle hat der Mauszeiger die bekannte Form eines Pfeils nach links oben weisend.

Mauszeiger	Bezeichnung	Verwendung
	**Pfeil - Normale Auswahl**	Bedienung von Schaltflächen Öffnen der Menüauswahl
	**4fach-Pfeil - Kreuz**	Verschieben von Symbolleisten, Fenstern, Grafiken
	**Pfeil mit Fragezeichen**	Hilfeauswahl
	**Schwarzes Fadenkreuz - Präzisionsauswahl**	Kopieren von Zellen mit Inhalten - Automatisches Ausfüllen
	**Doppelpfeil**	Horizontale Größenveränderung Ziehen und Vergrößern von Spalten
	**Doppelpfeil**	Vertikale Größenveränderung Ziehen und Vergrößern von Spalten
	**Weißes Kreuz**	Markieren - Aktivieren von Zellen - Bewegungen innerhalb des Tabellenblattes
	**Normaler Pfeil mit Inhalt**	Verschieben von Tabellen

9 Arbeitsmappen

Als Arbeitsmappe wird in Excel die Datei bezeichnet, in der die Daten bearbeitet und gespeichert werden. Jede Arbeitsmappe enthält standardmäßig drei Tabellenblätter und kann bis auf 256 erweitert werden. Dadurch können verschiedene Arten zusammengehöriger Daten in einer einzigen Arbeitsmappe gespeichert werden.

Die leere Arbeitsmappe hat den Namen Mappe1. Wird die Arbeitsmappe gespeichert, zeigt Excel in der Titelleiste statt Mappe1 den vergebenen Dateinamen.

Während einer Arbeitssitzung können mehrere Arbeitsmappen erstellt oder geöffnet werden.

9.1 Erste Berechnungen

Christina hat jetzt schon einiges über Excel erfahren. Jetzt will sie ihr theoretisches Wissen praktisch umsetzen.

- Dazu klickt sie mit der linken Maustaste in der Spalte A in die zweite Zeile (Zelle A2) und schreibt das Wort **Artikel** hinein.
- Die Eingabe beendet sie mit Return und gelangt so in die nächste Zeile. Hier gibt sie die Artikelnummer **1050** ein.
- Dies wiederholt Christina, bis alle Artikelnummern, wie unten gezeigt, eingegeben sind.
- Danach klickt Christina in Spalte B und gibt das Wort **Preis** ein.
- In die darunter liegenden Zellen fügt sie die weiteren Zahlen ein.

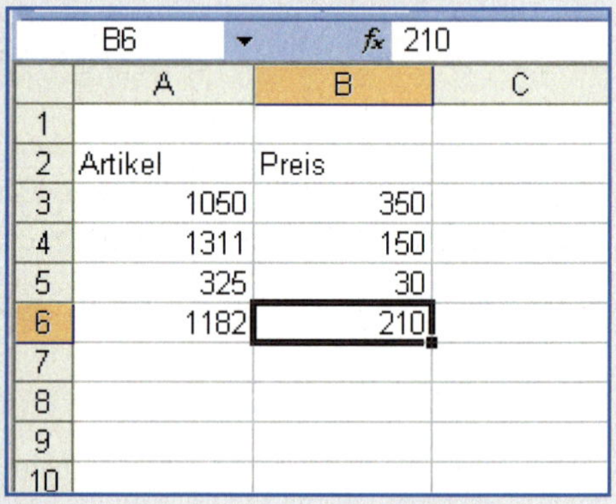

B6 | fx 210

	A	B	C
1			
2	Artikel	Preis	
3	1050	350	
4	1311	150	
5	325	30	
6	1182	210	
7			
8			
9			
10			

Christina überprüft ihre Eingaben. Dabei fällt ihr auf, dass Excel in den Zellen den **Text linksbündig** und die **Zahlen rechtsbündig** ausgerichtet hat.

- Um die verschiedenen Wege für die Addition von Zellwerten (Summen) zu ermitteln, klickt Christina in die Zelle **B9**.
- Sie drückt die Umschalttaste, schlägt die Ziffer 0 an, um das Ist-Gleich-Zeichen (=) zu schreiben.
- Danach klickt sie auf die Zelle **B3** und sieht einen umlaufenden Rahmen. Gleichzeitig wird der Zellinhalt in der Bearbeitungszeile sichtbar.
- Christina schlägt das Additionszeichen über die Tastatur an und klickt auf die Zelle **B4**. Diesen Vorgang wiederholt sie bis zur Zelle **B6**.
- Sie wirft einen prüfenden Blick in die Formel in der Bearbeitungszeile, ob sie alle Zellen eingefügt hat, die sie addieren will.

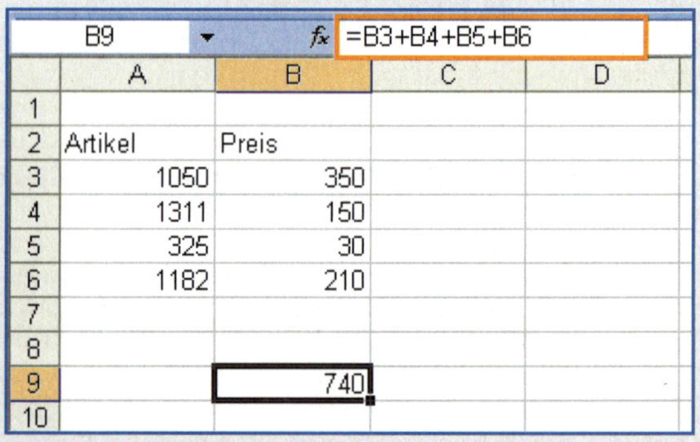

B9 | fx =B3+B4+B5+B6

	A	B	C	D
1				
2	Artikel	Preis		
3	1050	350		
4	1311	150		
5	325	30		
6	1182	210		
7				
8				
9		740		
10				

- Mit Return schließt Christina die Eingaben ab und sieht das Ergebnis in der Zelle **B9**.

Nun will Christina prüfen, wie Excel reagiert, wenn sie eine weitere Zeile ergänzt.

- Sie schreibt in die Zelle **A7** die Artikelnummer **342**, in die Zelle **B7** die Zahl **250** und schließt die Eingabe mit **Return**.
- Mit einem Blick in die Ergebniszelle **B9** sieht sie, dass sich nichts verändert hat.

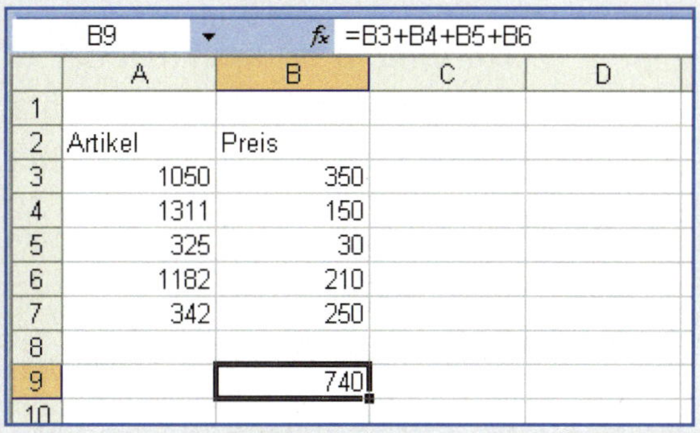

Um das Ergebnis zu aktualisieren, muss sie den Wert in der Zelle **B7** noch in der Formel ergänzen.

- Sie aktiviert die Zelle **B9** und klickt mit dem Cursor in die Bearbeitungszeile hinter die letzte Eingabe.
- Christina schlägt das **Plus-Zeichen** über die Tastatur an, klickt auf die Zelle **B7** und schließt das Ergebnis mit **Return** ab.

Mit einem Blick in die Ergebniszelle kontrolliert Christina, ob Excel das Ergebnis jetzt aktualisiert hat.

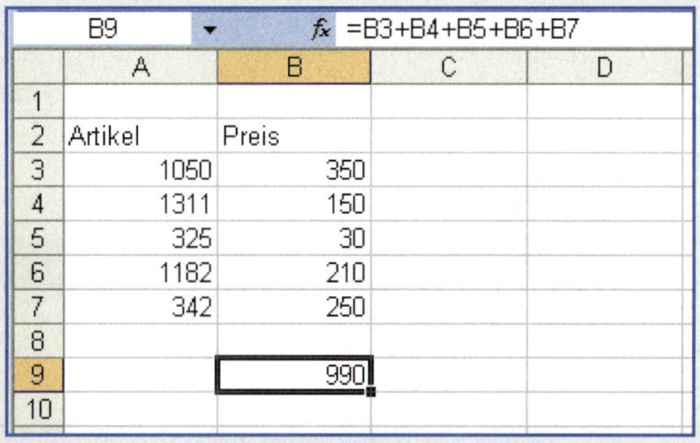

Christina will eine andere Möglichkeit der Summenbildung ausprobieren.

- Dazu klickt sie in die Zelle **B9** und löscht über die **Entf**-Taste das Ergebnis.
- Christina klickt in der Symbolleiste auf das Summensymbol **Σ**. Sofort markiert Excel die Zellen oberhalb der Zelle **B9** mit einem Laufrahmen und schreibt in die Bearbeitungszeile die Formel.

  =SUMME(B3:B8)

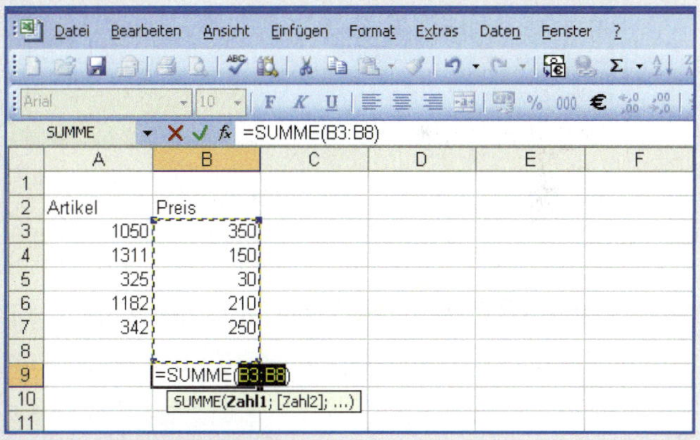

- Christina prüft, ob Excel die zu addierenden Zellen richtig markiert hat. Dabei fällt ihr auf, dass Excel bei der Zellbezeichnung **B3** : **B8** einen **Doppelpunkt** für den **Bis-Strich** gesetzt hat.
- Sie bestätigt die richtige Markierung und die Formel mit **Return**.
- Mit einem Blick kontrolliert Christina das Ergebnis in der Zelle **B9**.

Nun will Christina prüfen, ob Excel jetzt automatisch aktualisiert, wenn sie eine neue Zeile hinzufügt.

- Sie schreibt in die Zelle **A8** die Artikelnummer **15** und in die Zelle **B8** die Zahl **100**.
- Mit **Return** schließt Christina die Eingabe.
- Ein Blick in die Zelle **B9** zeigt Christina, dass Excel die Summe automatisch aktualisiert.

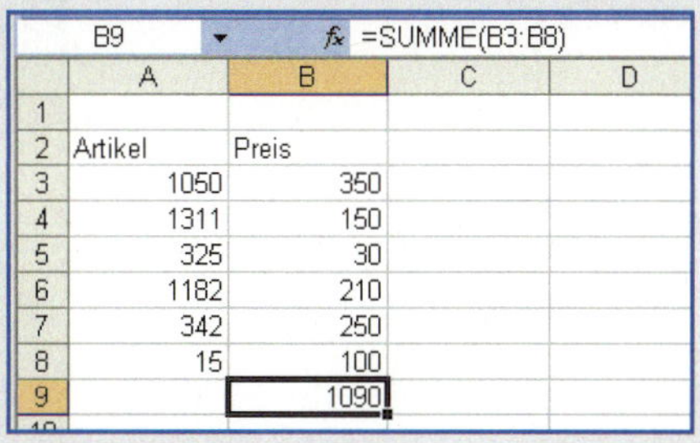

9.2 Arbeitsmappe speichern

Christina ist zufrieden mit den ersten Übungen in Excel und will diese und alle weiteren Excel-Übungen in einem separaten Ordner auf dem Desktop speichern, um jederzeit wieder schnell auf die erstellten Dateien zugreifen zu können.

- Sie öffnet über das Menü DATEI – SPEICHERN UNTER ... das Dialogfenster Speichern unter ... . Sie gelangt automatisch in das Verzeichnis **Eigene Dateien**; dies ist standardmäßig so eingestellt.
- Sie klickt auf den Ordner **Eine Ebene nach oben** bis im nebenstehenden Listenfeld die Anzeige Desktop steht.

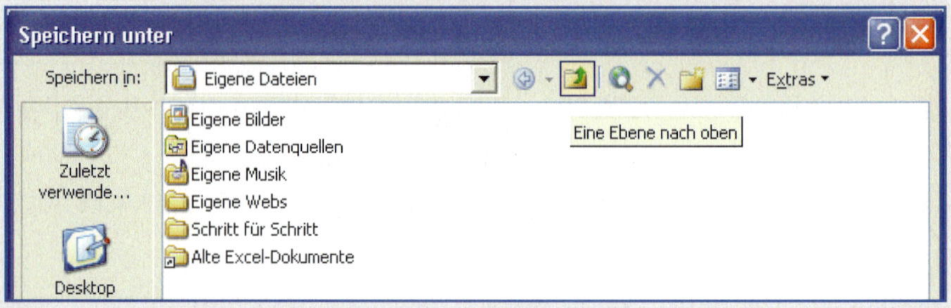

- Mit einem Mausklick auf das Symbol **Neuen Ordner erstellen** schreibt Christina den Ordnernamen ***Übungen mit Excel*** und ihren ***Namen*** in das einzeilige Listenfeld und bestätigt die Eingabe mit OK .

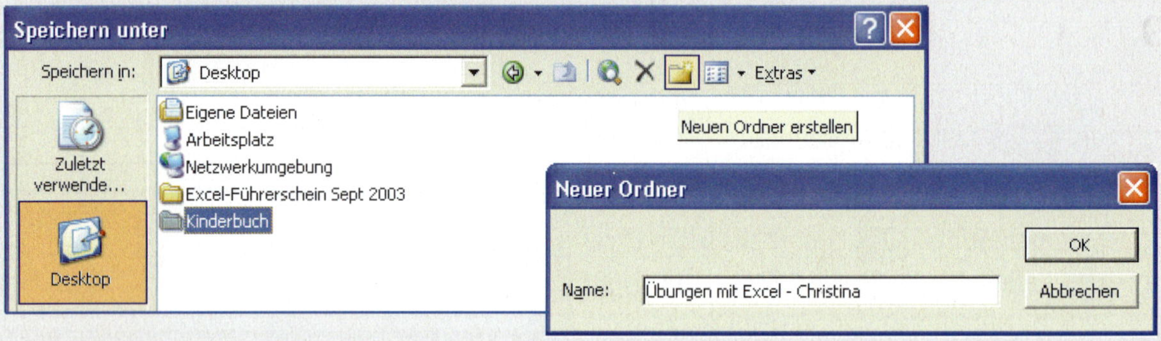

- Christina kontrolliert, ob der Name des Ordners in dem Listenfeld bei **Speichern in:** steht.
- In das Listenfeld neben **Dateiname:** gibt Christina den Namen der Datei ***Erste Übungen*** ein. Ein Blick auf den **Dateityp:** bestätigt ihr, dass es sich um eine **Excel-Arbeitsmappe** handelt.
- Mit einem Blick in die Titelleiste prüft Christina, ob anstelle von Mappe 1 der eingegebene Dateiname steht und bestätigt mit Speichern .

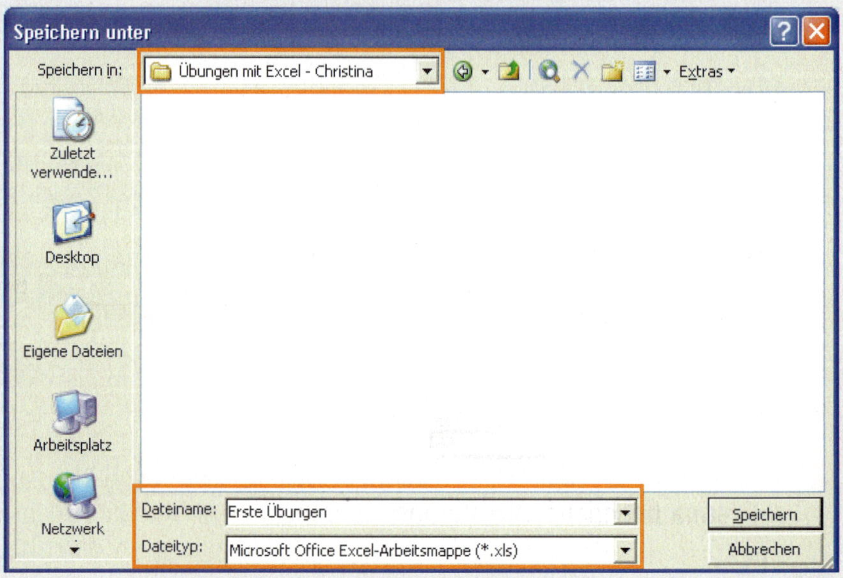

Beim weiteren Arbeiten mit der gleichen Datei kann Christina schnell über die Schaltfläche **Speichern** in der Symbolleiste ihre Daten sichern (zwischenspeichern). Dies könnte sie auch mit dem Shortcut (Tastenkombination) **Strg** + **S** ausführen.

Frau Jung weist Christina darauf hin, dass es sinnvoll ist, Dateinamen auszuwählen, die einen Bezug zum Inhalt herstellen. Weiter macht sie Christina in dem Gespräch darauf aufmerksam, dass Sonderzeichen wie z. B.:

/ ? : ; &

nicht verwendet werden dürfen. Sie erklärt Christina auch, dass alle Tabellen in der Arbeitsmappe nur unter **einem Dateinamen** gespeichert werden können. Eine einzelne Tabelle in einer Arbeitsmappe kann nicht separat gespeichert werden.

In Excel 2003 erstellte und gespeicherte Arbeitsmappen lassen sich mit älteren Versionen nicht öffnen. Gegebenenfalls sollten diese Arbeitsmappen unter einem älteren Dateityp gespeichert werden.

9.3 Arbeitsmappe schließen

Christina benötigt die Arbeitsmappe nicht mehr und will diese schließen.

- Dazu öffnet sie das Menü DATEI - SCHLIESSEN.
- Eine andere Möglichkeit, eine geöffnete Excel-Arbeitsmappe zu schließen, hätte Christina über das *Schließfeld*  rechts in der Menüleiste.
- Falls sie nach der letzten Speicherung noch Änderungen in der Excel-Arbeitsmappe vorgenommen hat, öffnet sich der Hilfe-Assistent mit einer Frage, die Christina bestätigen oder ablehnen kann.

  Sie bestätigt mit der Schaltfläche **Ja**.

Wird der Hilfe-Assistent nicht eingeblendet, kann er über Menü - ? - OFFICE-ASSISTENTEN ANZEIGEN - aktiviert werden.

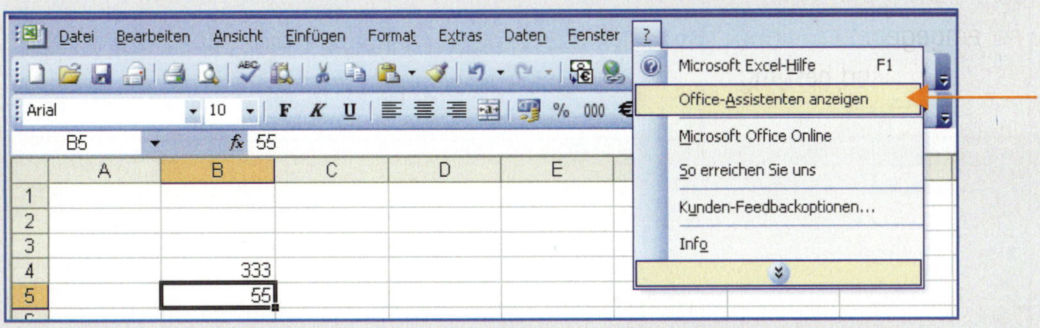

- Christina beendet für heute das Programm Excel über das Schließfeld in der Titelleiste. Dies wäre ihr auch über das Menü DATEI - BEENDEN möglich gewesen.

Christina hat jetzt schon eine Menge über Excel erfahren und das erste praktische Arbeiten hat ihr viel Spaß gemacht. Da Christina sehr interessiert ist, mehr über Excel zu erfahren und den Umgang mit Excel schnell zu erlernen, bittet Frau Jung Christina, ihr bei der Erfassung und Berechnung der

- Umsätze aller Bezirke,
- Umsätze je Vertreter,
- Umsätze insgesamt u. v. m.

behilflich zu sein. So kann Frau Jung Christina in das Programm EXCEL weiter einweisen und sie gleichzeitig mit verschiedenen Aufgaben in der Abteilung vertraut machen.

Christina ist begeistert und freut sich über das Vertrauen. Eifrig geht sie an die Arbeit.

10 Neue Arbeitsmappe öffnen

Für die neue Aufgabe öffnet Christina eine neue Arbeitsmappe.

- Sie klickt auf das Menü DATEI – NEU.

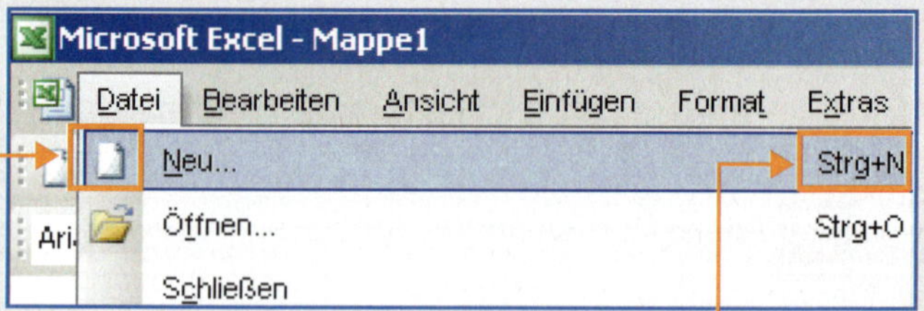

Das Öffnen einer neuen Arbeitsmappe wäre auch über das Symbol oder den angezeigten Shortcut möglich.

Im Excel-Arbeitsfenster öffnet sich rechts der Aufgabenbereich.

- Christina klickt auf **Leere Arbeitsmappe** und die neue Excel-Arbeitsmappe wird geöffnet.

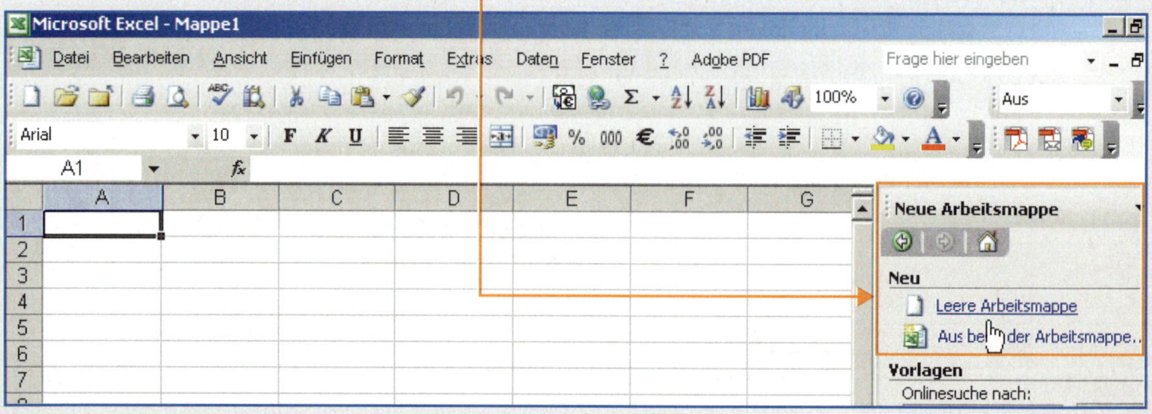

11 Zellenbeschriftung

- Sie klickt in die Spalte **A1** und gibt die Überschrift ***Umsätze im laufenden Jahr*** ein. Mit Return schließt sie die Eingabe ab.
- Danach schreibt sie in die Zelle A3 das Wort ***Bezirk*** und bestätigt wiederum mit Return, um in die nächste Zelle zu gelangen.
- In die Zelle A4 gibt sie ***Nord*** ein und in Klammern schreibt sie den Namen der Bezirksleiterin ***(Frau Michel-Kemper)*** und bestätigt die Eingabe.
- Sie schreibt in die Zelle A5 ***Mitte*** und den Namen des Bezirksleiters ***(Herr Keller).***
- In der Zelle A6 ergänzt sie den Bezirk ***Süd*** und den Namen ***(Herr Mischke).***

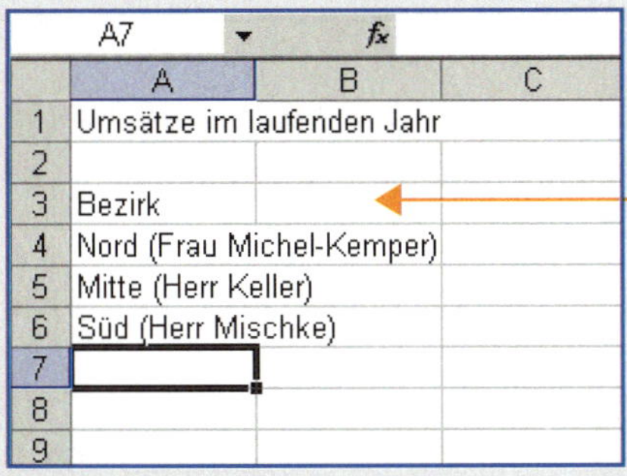

Christina fällt auf, dass der rechte Spaltenrand der Spalte A unterdrückt wird, wenn der Zellinhalt über den Rand hinausgeht.

- Christina klickt die Zelle **B3** an, um die Umsatzzahlen einzugeben.

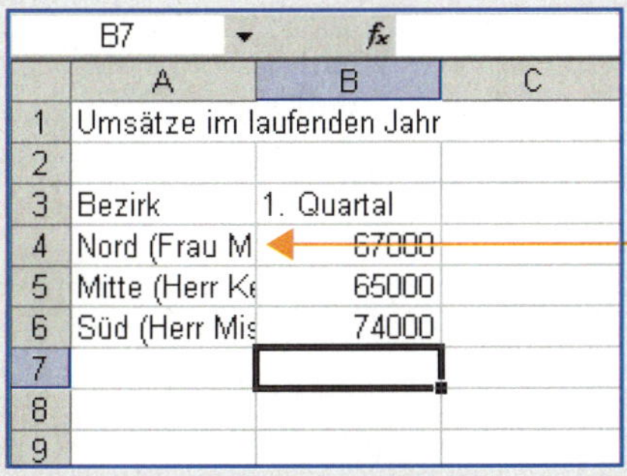

Dabei fällt ihr auf, dass der über den Spaltenrand hinausgehende Inhalt der Zelle nicht mehr angezeigt wird, wenn sie die nebenstehende Zelle beschriftet.
Sie klickt in die Zelle A4 und sieht im Bearbeitungsfenster, dass der vorher verborgene Text noch vorhanden ist.

Damit Christina den gesamten Inhalt der Spalte **A** sieht, muss sie diese vergrößern.

- Dazu führt sie den Mauszeiger zwischen die **Spaltenköpfe A** und **B** (der Mauszeiger verwandelt sich dabei in einen Doppelpfeil mit Strich) und zieht mit gedrückter Maustaste den Spaltenrand so weit nach rechts, bis auch der längste Zellinhalt in die Zelle passt.

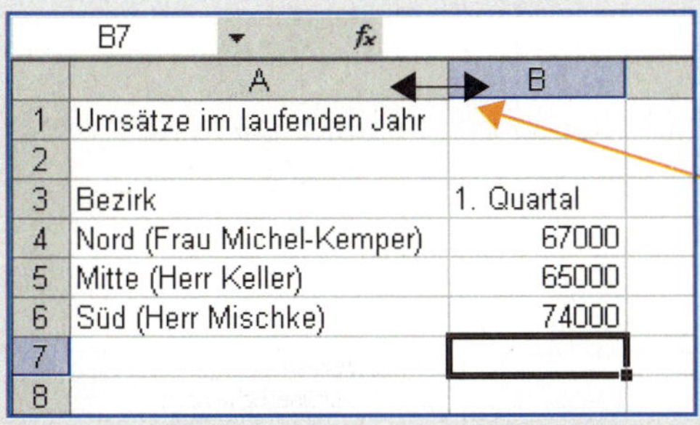

Mit einem Doppelklick auf die Trennung der Spaltenköpfe hätte Christina schnell die optimale Spaltenbreite erzielt.

Die Gitterstruktur, die in jedem Tabellenblatt hinterlegt ist, erleichtert das Arbeiten in der Excel-Mappe. Diese Gitterstruktur kann aufgelöst oder verändert werden, wenn z. B. mehrere Zellen zusammengefügt werden. Dadurch wird die Gestaltungsmöglichkeit einer Tabelle verbessert.

- Christina überzeugt sich, ob alle Eingaben richtig sind. Dabei stellt sie fest, dass sie eine Zahl vertauscht hat.
- Um diesen Fehler zu korrigieren, aktiviert sie die Zelle **B5** und überschreibt die Zahl ***65000*** mit ***56000.***
- Da es nur eine Zahl war, hätte Christina diese auch durch Drücken der F2-Taste verändern können. Der Cursor ist dann sofort in der markierten Zelle aktiviert.

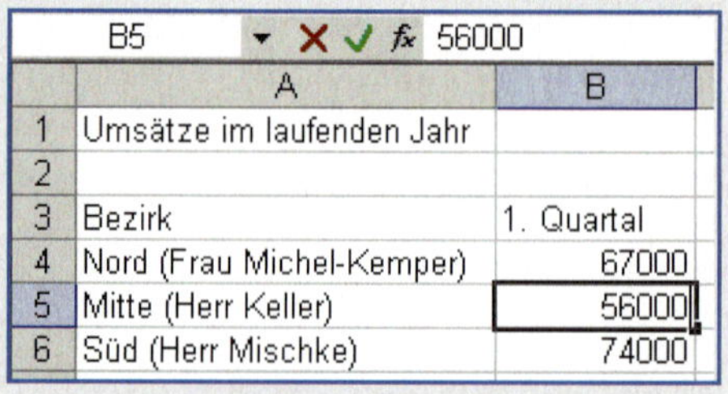

Per Fax teilt Frau Michel-Kemper mit, dass ihr bei der Berechnung der Umsatzzahlen ein Fehler unterlaufen ist und bittet um Korrektur. Die Zahl ändert sich von *67000* auf *63000.*

Eine weitere Korrekturmöglichkeit steht Christina in der Bearbeitungszeile zur Verfügung. Diese will sie gleich ausprobieren.

- Sie klickt in die Zelle **B4**, deren Inhalt verändert werden soll. Der Zellinhalt wird gleichzeitig in der Bearbeitungszeile sichtbar.
- Christina klickt mit der Maus in die Bearbeitungszeile hinter die zu korrigierende Stelle und ändert die Zahl auf ***63000.***
- Mit Return bestätigt sie die Änderung.
- Korrekturen in der Bearbeitungszeile können auch mit einem Klick auf das grüne Häkchen links von der Bearbeitungszeile übernommen werden.

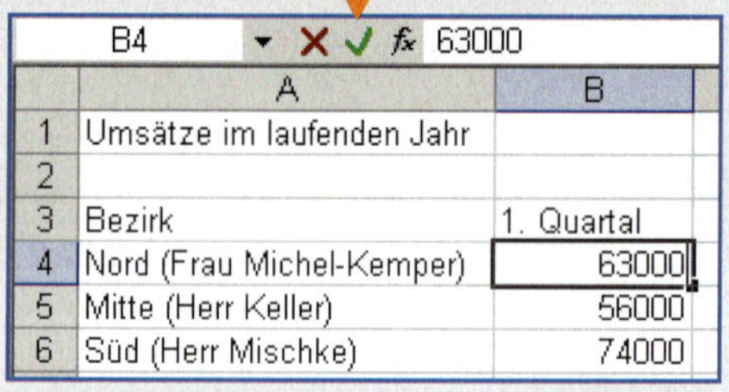

Christina speichert die Mappe unter dem Dateinamen *Umsätze Bezirke* in einem separaten Ordner mit dem Namen *Bezirke* unter *Eigene Dateien* auf der Festplatte.

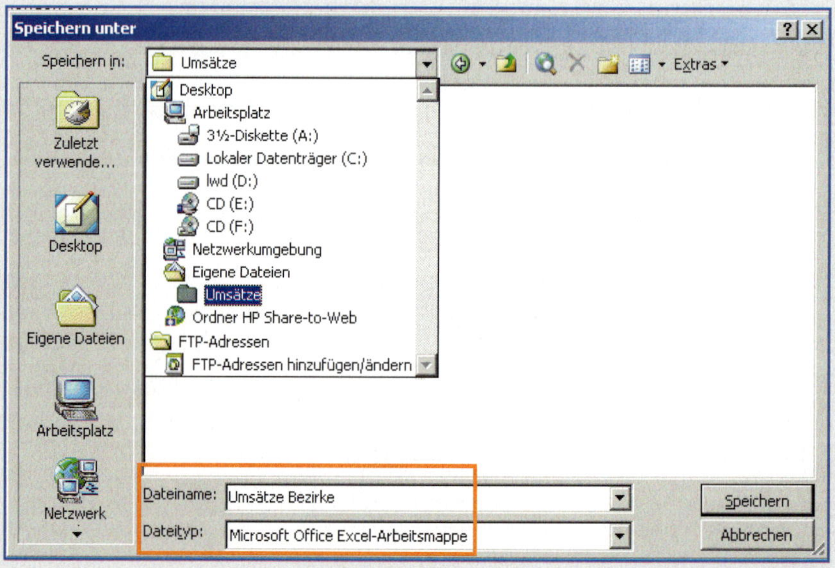

12 Tabellenblätter

Jede Excel-Arbeitsmappe ist wie ein übersichtlicher Ordner in verschiedene Tabellenregister, so genannte Tabellenblätter (standardmäßig 3, maximal 256) unterteilt. Diese Tabellenblätter tragen die Namen Tabelle 1, Tabelle 2, Tabelle 3.

Tabellenblätter lassen sich leicht:

- beschriften
- umbenennen
- hinzufügen
- verschieben
- gruppieren
- löschen
- aus- und einblenden

12.1 Tabellenblätter beschriften

Für die Beschriftung der Tabellenblätter sind bis zu **31 Zeichen** - auch Leerzeichen - erlaubt.

Die Navigationspfeile = Registerlaufpfeile werden erst aktiv, wenn weitere Tabellenblätter geöffnet sind. Mit diesen Registerpfeilen kann Christina in dem Register blättern.

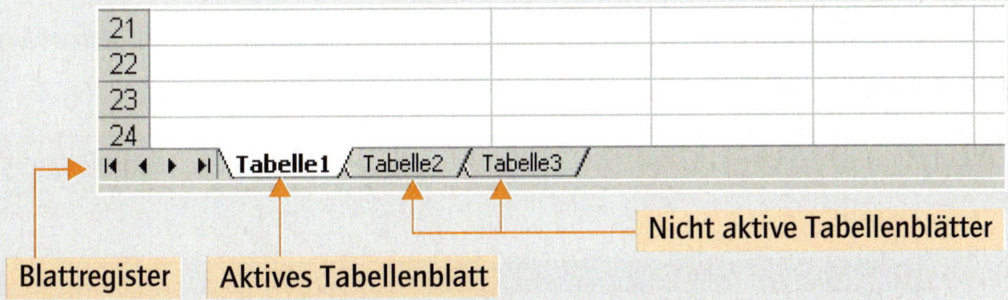

Christina will die Tabellenblätter mit einem aussagefähigen Namen beschriften.

- Mit einem **Doppelklick** auf die Tabellenzunge (am unteren Bildschirmrand) markiert sie diese.
- Die Tabelle 1 überschreibt sie mit **Regionale Umsätze** und klickt auf Tabelle 2.
- Dieses Tabellenblatt beschreibt sie mit **Umsätze aller Vertreter** und bestätigt mit Return.
- Das 3. Tabellenblatt benennt sie **Umsätze einzelner Vertreter.** Mit einem Klick außerhalb der Tabellenzunge wird die Beschriftung beendet.

12.2 Tabellenblätter einfügen

In dieser Mappe will Christina auch die Anschriften, Handynummern, E-Mail-Adressen usw. aller Vertreter neu erfassen. Dafür benötigt sie ein weiteres Tabellenblatt.

- Mit der Maus zeigt sie auf eine **Tabellenzunge** und drückt auf die **rechte Maustaste**.
- Aus dem sich öffnenden Kontextmenü wählt sie den Unterpunkt **Einfügen** aus.
- Im folgenden Dialogfenster klickt Christina auf **Tabellenblatt** und bestätigt das Einfügen mit OK.

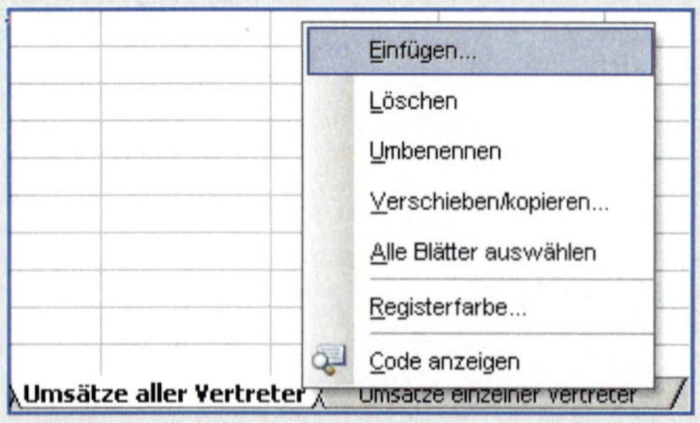

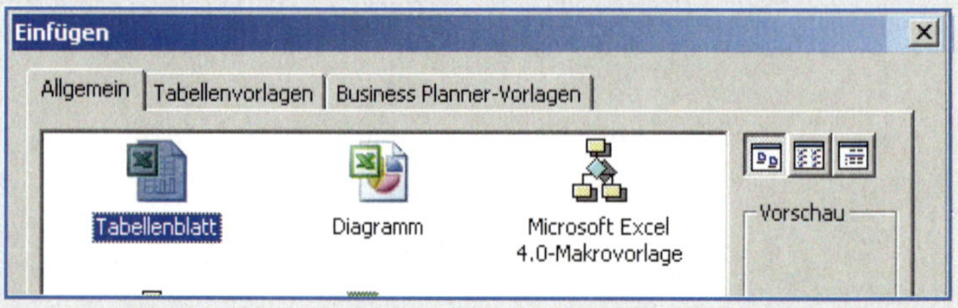

- Das neue Tabellenblatt beschriftet Christina mit **Anschriften aller Vertreter** und fügt noch ein weiteres Tabellenblatt ein, welches zunächst nur **Tabelle 5** heißt.

12.3 Grundeinstellung ändern

Frau Jung macht Christina darauf aufmerksam, dass die Grundeinstellung ***„Excel-Mappe mit 3 Tabellenblättern öffnen"*** nach Bedarf verändert werden kann.

Christina öffnet dazu das Menü EXTRAS - OPTIONEN und holt die REGISTERKARTE *Allgemein* in den Vordergrund.

- Sie klickt mit dem **Registerpfeil** nach oben und erhöht die Anzahl auf **4** Tabellenblätter.
- Mit OK bestätigt Christina die Einstellung.

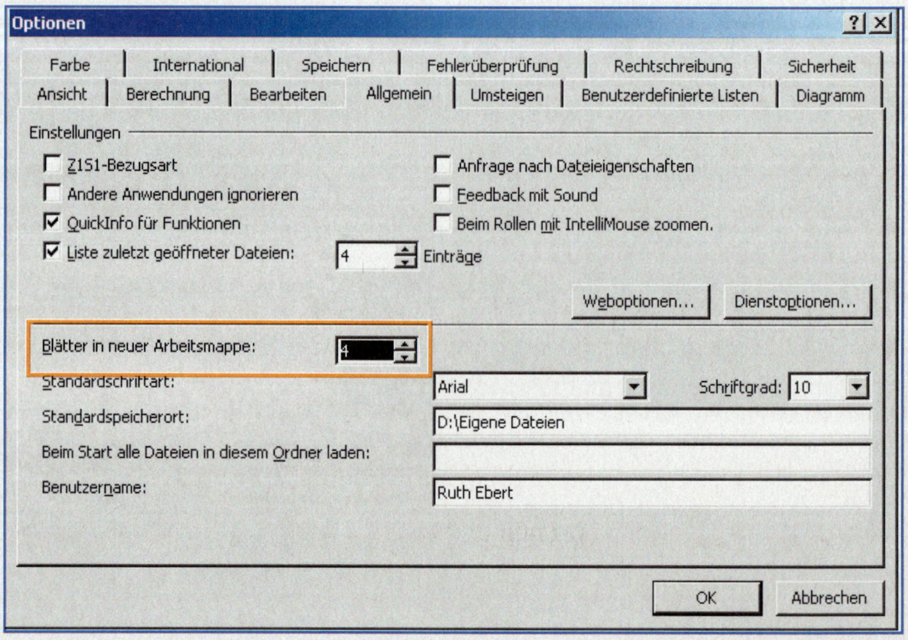

Christina probiert gleich aus, ob eine neue Arbeitsmappe künftig mit 4 Tabellenblättern geöffnet wird.

12.4 Tabellenblätter markieren

Mehrere aufeinander folgende Tabellenblätter markieren	Erstes Tabellenblatt anklicken, ⇧-Taste gedrückt halten und gewünschte Tabellenblätter anklicken.
Unterschiedliche Tabellenblätter markieren	Tabellenblatt anklicken, Strg -Taste gedrückt halten und benötigte Tabellenblätter anklicken.

Mit einem Klick außerhalb der markierten Zellen kann die Markierung aufgehoben werden.

12.5 Tabellenblätter verschieben/kopieren

Christina will das erste Tabellenblatt **Umsätze aller Vertreter** an den Schluss setzen.

- Dazu klickt sie auf die Tabellenzunge und ruft mit der rechten Maustaste das Kontextmenü Verschieben/kopieren... auf.

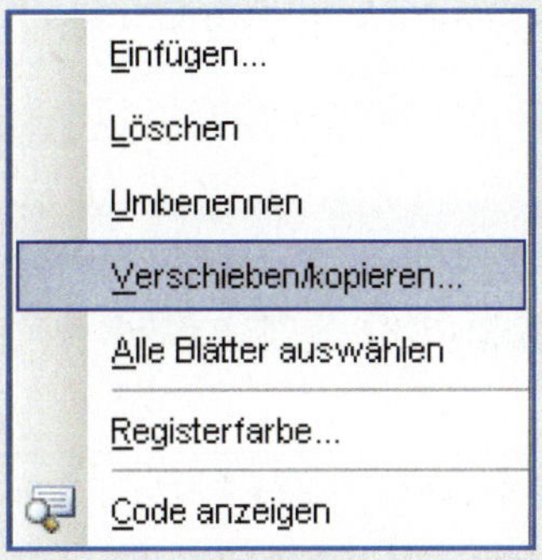

- In dem sich öffnenden Fenster sieht Christina alle Tabellenblätter, die die Mappe enthält. Sie entscheidet, das Tabellenblatt an das Ende zu stellen und bestätigt mit OK.

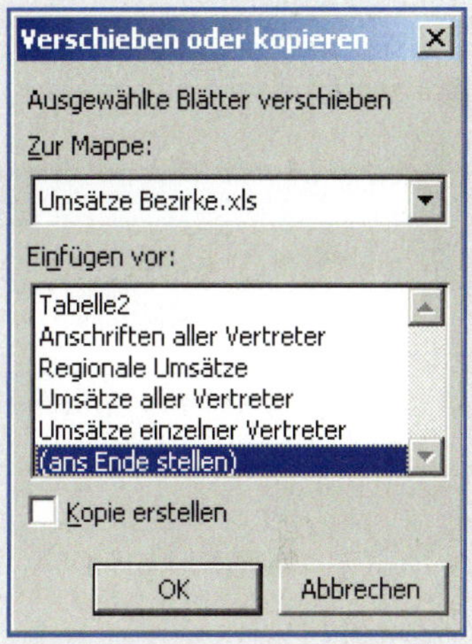

Eine andere Möglichkeit, Tabellenblätter zu verschieben wäre, das Tabellenblatt anzuklicken und mit gedrückter Maustaste an die gewünschte Stelle zu ziehen und loszulassen.

12.6 Tabellenblätter löschen

Das zusätzlich eingefügte Tabellenblatt **Tabelle 5** will Christina wieder löschen.

- Dazu klickt sie auf das Tabellenblatt und ruft über die rechte Maustaste das Kontextmenü auf.
- Sie wählt den Befehl **Löschen** und bestätigt das folgende *Dialogfenster* mit OK.

Christina speichert die Änderungen unter dem gleichen Dateinamen und beendet die Excel-Sitzung.

13 Gespeicherte Arbeitsmappe öffnen

Bereits gespeicherte Arbeitsmappen lassen sich unterschiedlich öffnen:

- → Menü DATEI - ÖFFNEN
- → SYMBOL in der Symbolleiste
- → Über den Shortcut Strg + O
- → Über Menü DATEI
  am Ende des Pull-down-Menüs aus der Liste mit den zuletzt gearbeiteten Dateien die gewünschte Mappe auswählen.

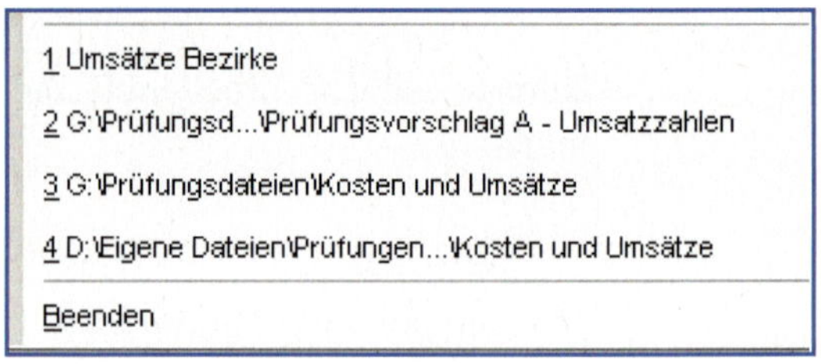

- Christina startet das Programm Excel.
- Sie klickt auf das SYMBOL in der Symbolleiste, um die **Arbeitsmappe Umsätze** zu öffnen.

Sie weiß, dass Sie im **Ordner Umsätze** unter **Eigene Dateien** die **Mappe Umsätze Bezirke** findet.

- Aus dem sich öffnenden Dialogfenster Öffnen klickt sie den Speicherort an, wählt mit einem Doppelklick den Ordner aus, in dem die Arbeitsmappe gespeichert ist.
- Sie markiert die gewünschte **Arbeitsmappe** und bestätigt mit OK.

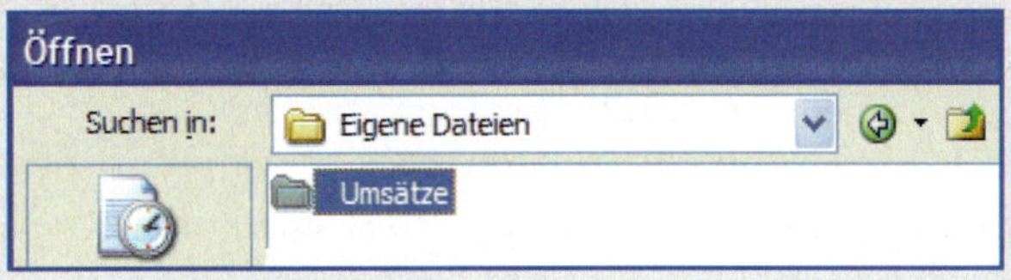

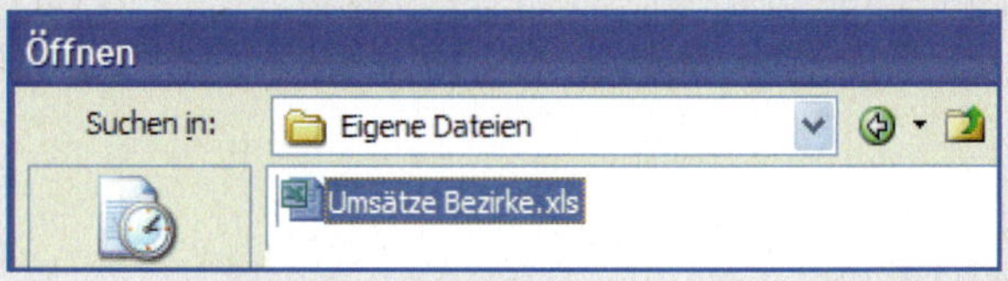

PC468924

14 Tabelle bearbeiten

Frau Jung bittet Christina, in dem Tabellenblatt **Regionale Umsätze** die nachstehenden Werte und Angaben zu ergänzen und die Spaltenbreite ggf. neu anzupassen.

	A	B	C	D
1	Umsätze im laufenden Jahr			
2				
3	Bezirk	1. Quartal	2. Quartal	Summe
4	Nord (Frau Michel-Kemper)	63000	59000	
5	Mitte (Herr Keller)	56000	61000	
6	Süd (Herr Mischke)	74000	79000	
7	West (Frau Pauly)	81000	76000	
8	Summe			
9				

Damit Christina rationeller im Tabellenblatt navigieren kann, erläutert ihr Frau Jung das Bewegen in einer Tabelle.

15 Bewegen in einer Tabelle

Eine Tabelle besteht aus Zeilen und Spalten. Die vertikal verlaufenden Spalten sind dabei mit Buchstaben benannt, die Zeilen werden horizontal durchnummeriert. Durch **Mausklick, Tabulatortaste** oder mit der **Pfeiltaste (Cursortaste)** kann eine Zelle angesteuert werden.

Jede Zelle hat einen Zellbezug: Die Zelle in der ersten Spalte und Zeile einer Tabelle heißt Zelle **A1**. Gleich rechts daneben befindet sich also die Zelle **B1**. Unter der Zelle **A1** liegt die Zelle **A2** usw. Der Spalten- und Zeilenkopf der aktiven Zelle wird dunkel hervorgehoben.

Nur in der aktivierten Zelle, die mit einem schwarzen Rahmen versehen ist, können neue Daten eingetragen oder die darin enthaltenen bearbeitet werden.

Bewegen in der Tabelle über die Tastatur:

Eine Zelle nach links	←
Eine Zelle nach rechts	→
Eine Zelle nach oben	↑
Eine Zelle nach unten	↓
Ein Bildschirmausschnitt nach oben	Bild ↑
Ein Bildschirmausschnitt nach unten	Bild ↓
Zur ersten benutzten Zelle einer Zeile	Strg + ←
Zur letzten benutzten Zelle einer Zeile	Strg + →
An den Tabellenanfang	Strg + Pos 1
Zur letzten benutzten Zelle	Strg + Ende
Zur ersten Zelle der aktuellen Zeile	Pos 1

16 Spalten und Zeilen nachträglich einfügen

Die Daten aus dem Bezirk **Ost** liegen nun vor und sollen in der Tabelle **Umsätze** eingefügt werden. Dies ist leicht möglich, denn eine Tabelle ist jederzeit nachträglich durch zusätzliche **Spalten** oder **Zeilen** erweiterbar.

16.1 Zeile einfügen

- Um eine neue Zeile einzufügen, klickt Christina auf den **Zeilenkopf 7.** *(Die neue Zeile wird über der markierten Zeile eingefügt.)*
- Sie drückt die rechte Maustaste und wählt aus dem sich öffnenden **Kontexmenü** den Unterpunkt **Zellen einfügen** aus.

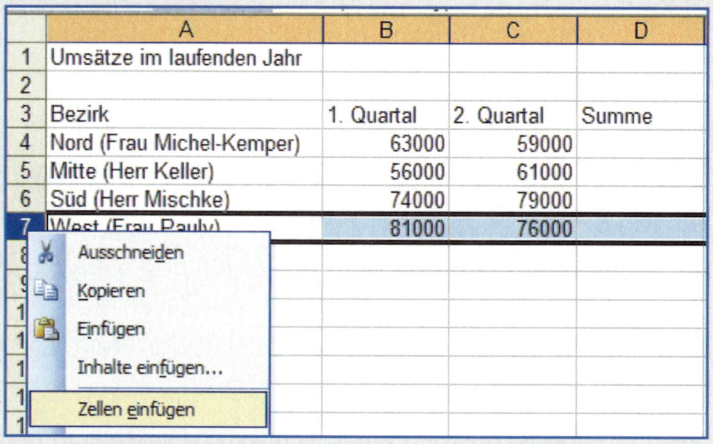

Eine neue Zeile hätte Christina auch über das Menü EINFÜGEN - ZEILEN einfügen können.

Werden mehrere Zeilen am Zeilenkopf markiert, werden so viele Zeilen eingefügt, wie zuvor markiert waren.

- In der neu eingefügten Zeile ergänzt sie die Daten:
  Bezirk Ost **(Herr Dexler),**
  1. Quartal die Zahl **45000,**
  2. Quartal die Zahl **51000**

	A	B	C	D
1	Umsätze im laufenden Jahr			
2				
3	Bezirk	1. Quartal	2. Quartal	Summe
4	Nord (Frau Michel-Kemper)	63000	59000	
5	Mitte (Herr Keller)	56000	61000	
6	Süd (Herr Mischke)	74000	79000	
7	Ost (Herr Dexler)	45000	51000	
8	West (Frau Pauly)	81000	76000	
9	Summe			
10				

PC468926

16.2 Spalte einfügen

Die Tabelle Umsätze soll nun um die Umsätze für das 3. Quartal ergänzt werden. Dazu benötigt Christina eine neue Spalte. Sie geht ähnlich vor wie beim Einfügen einer neuen Zeile.

- Sie markiert die Spalte **D**.

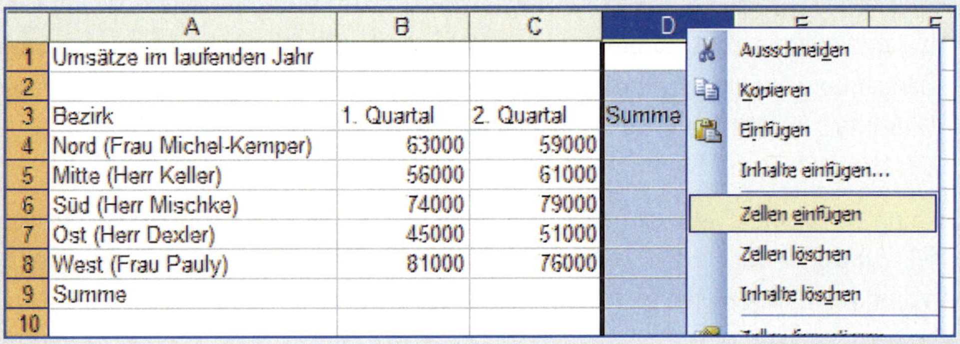

	A	B	C	D
1	Umsätze im laufenden Jahr			
2				
3	Bezirk	1. Quartal	2. Quartal	Summe
4	Nord (Frau Michel-Kemper)	63000	59000	
5	Mitte (Herr Keller)	56000	61000	
6	Süd (Herr Mischke)	74000	79000	
7	Ost (Herr Dexler)	45000	51000	
8	West (Frau Pauly)	81000	76000	
9	Summe			
10				

- Sie drückt die rechte Maustaste und wählt aus dem Kontextmenü **Zellen einfügen** aus. (Die neue Spalte wird links von der markierten Spalte eingefügt.)
- In der neuen Spalte ergänzt Christina die Zahlen:

	A	B	C	D	E
1	Umsätze im laufenden Jahr				
2					
3	Bezirk	1. Quartal	2. Quartal	3. Quartal	Summe
4	Nord (Frau Michel-Kemper)	63000	59000	56000	
5	Mitte (Herr Keller)	56000	61000	55000	
6	Süd (Herr Mischke)	74000	79000	71000	
7	Ost (Herr Dexler)	45000	51000	54000	
8	West (Frau Pauly)	81000	76000	79000	
9	Summe				
10					

Mittlerweile liegen die Umsatzzahlen für das 4. Quartal vor. Christina ergänzt die Tabelle wie nachstehend abgebildet.

	A	B	C	D	E	F
1	Umsätze im laufenden Jahr					
2						
3	Bezirk	1. Quartal	2. Quartal	3. Quartal	4. Quartal	Summe
4	Nord (Frau Michel-Kemper)	63000	59000	56000	65000	
5	Mitte (Herr Keller)	56000	61000	55000	73000	
6	Süd (Herr Mischke)	74000	79000	71000	82000	
7	Ost (Herr Dexler)	45000	51000	54000	58000	
8	West (Frau Pauly)	81000	76000	79000	86000	
9	Summe					

- Damit die Daten nicht verloren gehen, **speichert** Christina diese.

17 Summenfunktion

Der Abteilungsleiter Herr Schader bittet Frau Jung, die Umsatzzahlen:

1. **Bezirke aller Quartale,**
2. **Bezirke pro Quartal,**
3. **Quartale insgesamt**

bis Ende der Woche vorzulegen. Anhand dieser Aufgabe will Frau Jung Christina alle Möglichkeiten zeigen, Summen zu ermitteln.

Die erste Möglichkeit, Summen zu ermitteln, lernte Christina schon kennen. Sie weiß, dass eine Berechnung in der Bearbeitungszeile mit einem **Gleichheitszeichen** beginnen muss. Das Gleichheitszeichen zeigt Excel, dass eine Berechnung durchzuführen ist.

- Um die Summe für die **Zweigstelle Nord** zu ermitteln, klickt Christina mit dem Mauszeiger in die Zelle F4 und gibt die Formel =B4+C4+D4+E4 ein. Diese Formel bezieht sich auf die Zellen, in der die zu addierenden Werte stehen.
- Mit Return schließt sie die Eingabe ab.

SUMME ▾ ✕ ✓ fx =B4+C4+D4+E4

	A	B	C	D	E	F
1	Umsätze im laufenden Jahr					
2						
3	Bezirk	1. Quartal	2. Quartal	3. Quartal	4. Quartal	Summe
4	Nord (Frau Michel-Kemper)	63000	59000	56000	65000	=B4+C4+D4+E4
5	Mitte (Herr Keller)	56000	61000	55000	73000	
6	Süd (Herr Mischke)	74000	79000	71000	82000	
7	Ost (Herr Dexler)	45000	51000	54000	58000	
8	West (Frau Pauly)	81000	76000	79000	86000	
9	Summe					
10						

Um die Summe der **Zweigstelle Mitte** zu errechnen, probiert Christina eine weitere Variante aus.

- Sie klickt in die Zelle F5 und schreibt in der **Bearbeitungszeile** die Formel: =Summe(B5:E5).
- Diesmal bestätigt Christina die Formel mit einem Klick auf das ✓ **Häkchen**.

Frau Jung macht Christina darauf aufmerksam, dass ein Bereich mehrere zusammenhängende Zellen darstellt. Der Doppelpunkt legt bei dieser Eingabeart den Bereich fest, aus dem die Summe gebildet wird.

SUMME ▾ ✕ ✓ fx =Summe(B5:E5)

	A	B	C	D	E	F	G
1	Umsätze im laufenden Jahr						
2							
3	Bezirk	1. Quartal	2. Quartal	3. Quartal	4. Quartal	Summe	
4	Nord (Frau Michel-Kemper)	63000	59000	56000	65000	243000	
5	Mitte (Herr Keller)	56000	61000	55000	73000	=Summe(B5:E5)	
6	Süd (Herr Mischke)	74000	79000	71000	82000		

- Für eine weitere Möglichkeit, die Summe des **Bezirkes Süd** zu errechnen, klickt Christina in die Zelle F6 und gibt die Formel =Summe(B6;C6;D6;E6) ein.
- Wiederum bestätigt sie die Eingabe mit Return.

Frau Jung erläutert Christina, dass das Semikolon die zu addierenden Zellen trennt.

SUMME =Summe(B6;C6;D6;E6)

	A	B	C	D	E	F	G
1	Umsätze im laufenden Jahr						
2							
3	Bezirk	1. Quartal	2. Quartal	3. Quartal	4. Quartal	Summe	
4	Nord (Frau Michel-Kemper)	63000	59000	56000	65000	243000	
5	Mitte (Herr Keller)	56000	61000	55000	73000	245000	
6	Süd (Herr Mischke)	74000	79000	71000	82000	=Summe(B6;C6;D6;E6)	
7	Ost (Herr Dexler)	45000	51000	54000	58000		

Die vermutlich schnellste und sicherste Methode, bei der weitgehend Eingabefehler bei der Zellangabe vermieden werden, will Christina bei der Summenermittlung der **Zweigstelle Ost** ausprobieren.

- Christina klickt in die Zelle **F7** und danach auf das **Summensymbolzeichen** Σ in der Symbolleiste.

Frau Jung erklärt Christina, dass Excel durch die automatische Summenfunktion angewiesen wird, Zellbereiche zu addieren. Excel prüft dabei selbstständig, für welche der umliegenden Zellbereiche diese Summenfunktion gelten soll und markiert den vermuteten Zellbereich mit einem **Laufrahmen**. Der markierte Zellbereich wird gleichzeitig in der Bearbeitungszeile angezeigt .

SUMME =SUMME(F4:F6)

	A	B	C	D	E	F	G
1	Umsätze im laufenden Jahr						
2							
3	Bezirk	1. Quartal	2. Quartal	3. Quartal	4. Quartal	Summe	
4	Nord (Frau Michel-Kemper)	63000	59000	56000	65000	243000	
5	Mitte (Herr Keller)	56000	61000	55000	73000	245000	
6	Süd (Herr Mischke)	74000	79000	71000	82000	306000	
7	Ost (Herr Dexler)	45000	51000	54000	58000	=SUMME(F4:F6)	
8	West (Frau Pauly)	81000	76000	79000	86000	SUMME(**Zahl1**; [Zahl2]; ...)	

- Christina erkennt, dass Excel den **falschen** Zellbereich markiert hat. Sie klickt in die Zelle **B7** und markiert mit gedrückter Maustaste den richtigen Zellbereich.

SUMME =SUMME(B7:E7)

	A	B	C	D	E	F	G
1	Umsätze im laufenden Jahr						
2							
3	Bezirk	1. Quartal	2. Quartal	3. Quartal	4. Quartal	Summe	
4	Nord (Frau Michel-Kemper)	63000	59000	56000	65000	243000	
5	Mitte (Herr Keller)	56000	61000	55000	73000	245000	
6	Süd (Herr Mischke)	74000	79000	71000	82000	306000	
7	Ost (Herr Dexler)	45000	51000	54000	58000	=SUMME(B7:E7)	
8	West (Frau Pauly)	81000	76000	79000	86000	SUMME(**Zahl1**; [Zahl2]; ...)	
9	Summe						

Quickinfo, zeigt den Funktionsnamen und die Zellen.

- Danach bestätigt sie die Formel mit **Return**.

Frau Jung weist Christina darauf hin, dass Excel nur zusammenhängende Zellbereiche erkennt. Wenn eine leere Zelle zwischen zu addierenden Werten liegt, kann manuell die erste Zelle und die letzte Zelle dieses Bereiches angeklickt werden. In der Summenfunktion werden dann die gewünschten Zellen ***von:bis*** *angezeigt. Nach Bestätigung mit der* **Return** *-Taste erscheint die Summe.*

17.1 Kopieren von Formeln

Die noch fehlende **Summe** des **Bezirkes West** will Christina durch Kopieren der Formel von Zelle F7 in Zelle F8 ermitteln.

- Dazu klickt Christina die Zelle F7 an, geht mit der Maus in die rechte untere Ecke, bis der Mauszeiger die Form eines schwarzen Fadenkreuzes annimmt.
- Mit **gedrückter linker Maustaste** zieht sie das schwarze Fadenkreuz in die Zelle F8 . Dort lässt Christina die Maustaste los und sieht so das Ergebnis in der Zelle.

F7 fx =SUMME(B7:E7)

	A	B	C	D	E	F
1	Umsätze im laufenden Jahr					
2						
3	Bezirk	1. Quartal	2. Quartal	3. Quartal	4. Quartal	Summe
4	Nord (Frau Michel-Kemper)	63000	59000	56000	65000	243000
5	Mitte (Herr Keller)	56000	61000	55000	73000	245000
6	Süd (Herr Mischke)	74000	79000	71000	82000	306000
7	Ost (Herr Dexler)	45000	51000	54000	58000	208000
8	West (Frau Pauly)	81000	76000	79000	86000	322000
9	Summe					
10						

Ein Blick in die Bearbeitungszeile sagt ihr, dass die Formel der Zelle F7 auf die Zelle F8 übertragen wurde.

- Die nächste Aufgabe, die **Summe aller Bezirke pro Quartal,** löst Christina mit dem Summenfunktionszeichen, aber nur für die **Spalte B.**

B9 fx =SUMME(B4:B8)

	A	B	C	D	E	F
1	Umsätze im laufenden Jahr					
2						
3	Bezirk	1. Quartal	2. Quartal	3. Quartal	4. Quartal	Summe
4	Nord (Frau Michel-Kemper)	63000	59000	56000	65000	243000
5	Mitte (Herr Keller)	56000	61000	55000	73000	245000
6	Süd (Herr Mischke)	74000	79000	71000	82000	306000
7	Ost (Herr Dexler)	45000	51000	54000	58000	208000
8	West (Frau Pauly)	81000	76000	79000	86000	322000
9	Summe	319000				
10						

- Die Formel der Zelle B9 kopiert Christina bis zur Zelle F9 , um gleichzeitig auch die letzte Aufgabe **Umsatzzahlen aller Quartale** zu lösen.

B9 fx =SUMME(B4:B8)

	A	B	C	D	E	F
1	Umsätze im laufenden Jahr					
2						
3	Bezirk	1. Quartal	2. Quartal	3. Quartal	4. Quartal	Summe
4	Nord (Frau Michel-Kemper)	63000	59000	56000	65000	243000
5	Mitte (Herr Keller)	56000	61000	55000	73000	245000
6	Süd (Herr Mischke)	74000	79000	71000	82000	306000
7	Ost (Herr Dexler)	45000	51000	54000	58000	208000
8	West (Frau Pauly)	81000	76000	79000	86000	322000
9	Summe	319000	326000	315000	364000	1324000
10						

- Christina hat viel über das Summieren gelernt. Damit die Daten nicht verloren gehen, **speichert** sie die Arbeitsmappe unter dem **gleichen Dateinamen.**

Nun will Christina prüfen, ob sich die Summenzellen verändern, wenn sie nachträglich Änderungen vornimmt.

- Sie ändert die Umsatzzahlen in Zelle C4 von **59000** auf **62000.**
- In der Zelle B5 ändert sie den Wert von **56000** auf **50000.**
- Die Zelle D7 verändert sie von **54000** auf **57000.**

Sie sieht, dass Excel automatisch die Summen aktualisiert. Dies stärkt ihr Vertrauen im Umgang mit dem Tabellenkalkulationsprogramm. Sie ist mit den Veränderungen zufrieden und **schließt** die Arbeitsmappe. Die vorgenommenen Änderungen dienten ihr nur zur Übung und werden deshalb **nicht gespeichert.**

18 Markierungen

Frau Jung bittet Christina, die Tabelle ansprechend zu gestalten und dem Abteilungsleiter Herrn Schrader vorzulegen. Dies will Christina gerne tun, denn sie weiß, dass Daten schneller erfasst werden können, wenn diese hervorgehoben sind.

Aus einem Arbeitsgespräch mit Frau Jung weiß sie, dass ihr in Excel zahlreiche Möglichkeiten zur Verfügung stehen, z. B. Veränderungen durch:

Schriftart, Schriftfarbe, Schriftgröße, Hintergrundfarbe, Rahmen

- Christina **öffnet** die Arbeitsmappe **Umsätze Bezirke.** Sie erinnert sich, dass die Zellen vor der Formatierung markiert werden müssen. Bevor sie mit dem Formatieren der Tabelle beginnt, möchte sie einige die Markierungsmöglichkeiten ausprobieren.

18.1 Markierungsmöglichkeiten

Markierung	Shortcut
Zelle, Bereiche	⇧ Shift + Cursortaste (Richtung auswählen)
Aktuelle Zeile	⇧ Shift + Leertaste
Aktuelle Spalte	Strg + Leertaste
Ende der Tabelle	⇧ Shift + Strg + Ende
Gesamtes Tabellenblatt	Strg + A
Zeilenanfang	⇧ Shift + Pos 1
Tabellenanfang	⇧ Shift + Strg + Pos 1
Datenbereich	Strg + *

Markierung	Maus
Zeile	Mausklick auf den Zeilenkopf
Spalte	Mausklick auf den Spaltenkopf
Mehrere Zellen, Zeilen, Spalten	Strg + gedrückte linke Maustaste und in die gewünschte Richtung ziehen
Unterschiedliche Spalten und/oder Zeilen	Strg + linker Mausklick
Tabellenblatt markieren	Mausklick links oben auf den Schnittpunkt (Schaltfläche **Alles markieren**) zwischen Spalten- und Zeilenköpfe 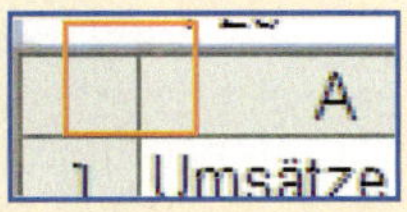

Die vielfältigen Markierfunktionen sind Christina nun vertraut. Sie weiß auch, dass die Markierungen mit einem Klick außerhalb der Markierung aufgehoben werden. Bevor Christina mit den Formatierungsarbeiten beginnt, schaut sie sich die Formatierungssymbolleiste näher an.

19 Formatierungen

Die Formatsymbolleiste wird standardmäßig beim Starten von Excel oder dem Öffnen einer neuen Arbeitsmappe eingeblendet. Sollte dies nicht der Fall sein, kann die Symbolleiste über Menü ANSICHT - SYMBOLLEISTEN - FORMAT aktiviert werden.

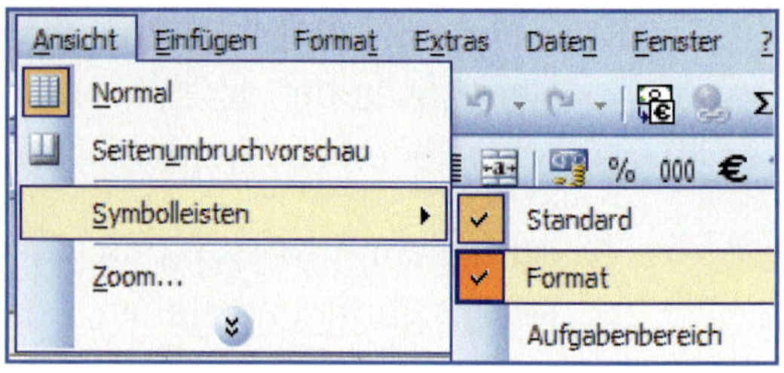

Christina will sich die Formatsymbolleiste etwas näher anschauen.

- Dazu führt sie den Mauszeiger unter die Symbole, um sich durch die Quick-Info die kurze Erklärung anzeigen zu lassen.

19.1 Formatsymbolleiste

Symbol	Quick-Info-Text	Bedeutung
Arial	Schriftart	Auswahlliste aller installierten Schriftarten
10	Schriftgrad	Änderungsmöglichkeit für Schriftgröße
F	Fett	Aktiviert oder deaktiviert den Fettdruck
K	Kursiv	Formatiert kursiv
U	Unterstrichen	Unterstreicht Text und Zahlen
	Linksbündig	Zellinhalte werden linksbündig angeordnet
	Zentriert	Zentriert den ausgewählten Text oder Zahlen
	Rechtsbündig	Text oder Zahlen werden rechtsbündig ausgerichtet
	Verbinden und Zentrieren	Zellen werden miteinander verbunden und zentriert
	Währung	Weist markierten Zellen Währungsformat zu
%	Prozentformat	Wendet Prozentformat auf markierte Zellen an
000	1.000er-Trennzeichen	Aktiviert Format 1.000er-Trennzeichen
€	Euro	Weist markierten Zellen Währungsformat Euro zu
,0 ,00	Dezimalstelle hinzufügen	Erhöht die Anzahl der Stellen hinter dem Dezimal-trennzeichen
,00 ,0	Dezimalstelle löschen	Verringert die Anzahl der Stellen hinter dem Dezimal-trennzeichen
	Einzug verkleinern	Verkleinert den Einzug
	Einzug vergrößern	Vergrößert den Einzug
	Rahmen	Markierte Zellen mit Rahmen oder Linien versehen
	Füllfarbe (Gelb)	Füllfarbe bzw. Fülleffekt zuweisen
A	Schriftfarbe (Rot)	Schriftfarbe auswählen

PC468932

19.2 Schriftart und Farbe hinzufügen

Von den zahlreichen Formatierungsmöglichkeiten ist Christina beeindruckt. Jetzt will sie die Tabelle ansprechend formatieren. Sie weiß, dass sie mit Formatierungen sparsam umgehen muss, damit die Wirkung nicht verloren geht.

- Christina klickt in die Zelle A1, um diese zu markieren.
- Über Menü - FORMAT - ZELLEN... öffnet sie das Dialogfenster Zellen formatieren.

- Mit einem Klick holt sie die Registerkarte **Schrift** in den Vordergrund. In dieser Registerkarte kann Christina sich in der Vorschau die Einstellung vorab anschauen.
- Sie entscheidet sich für:
  - die *Schriftart* **Verdana,**
  - den *Schriftschnitt* **Fett,**
  - den *Schriftgrad* **16,**
  - die *Farbe* **Blau.**
- Die Auswahl bestätigt Christina mit OK.

19.3 Zeilen einfügen

Um die Inhalte der Tabelle mehr von der Überschrift abzugrenzen, will Christina zwei weitere Zeilen einfügen.

- Dazu markiert sie die dritte Zeile mit den Spaltenüberschriften und ruft das Menü EINFÜGEN - ZEILEN auf. Sofort wird eine Zeile über der markierten Zeile eingefügt.
- Mit der Taste F4 *wiederholt* Christina den letzten Befehl. Dies wäre auch mit der Tastenkombination Strg + y möglich.

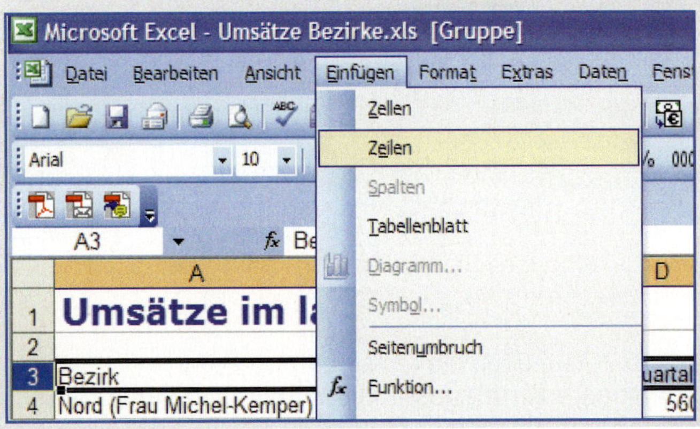

19.4 Formatierungen

- Die Spaltenüberschriften sollen auch hervorgehoben werden. Christina **markiert** mit einem Klick auf die **Zeilenköpfe** die ganze Zeile mit den Spaltenüberschriften.
- Diesmal ruft sie über die **rechte Maustaste** das **Kontextmenü** auf und wählt den Menüpunkt Zellen formatieren ... aus.
- Erneut holt sie die Registerkarte **Schrift** in den Vordergrund und wählt:
  - die *Schriftart* **Verdana,**
  - den *Schriftschnitt* **Fett,**
  - den *Schriftgrad* **12,**
  - die *Farbe* **Automatisch** und

  bestätigt mit OK.

Christina will auch die Inhalte der Tabelle in der Schriftart **Verdana** und im Schriftgrad **12** formatieren.

- Sie klickt mit gedrückter linker **Maustaste** in die Zelle **Bezirk Nord** und markiert den zu formatierenden Tabellenbereich.
- Diesmal formatiert Christina über die **Formatierungsleiste.**

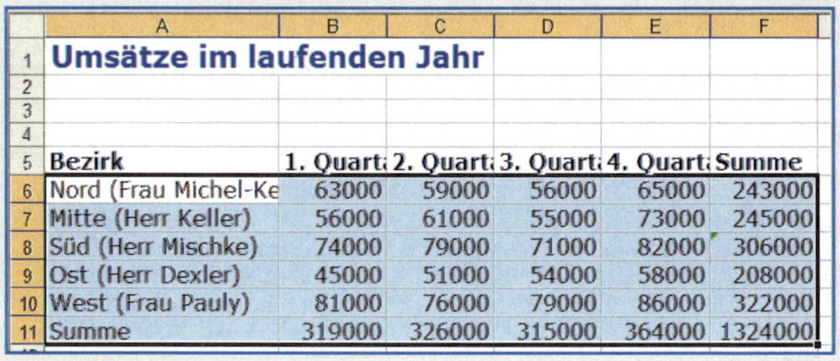

19.5 Spalten optimieren

Durch die Formatierung der Tabelle muss die Spaltenbreite der Tabelle optimiert werden.

- Um den Datenbereich und die Überschrift zu markieren, klickt Christina eine Zelle in diesem Bereich an.
- Der Shortcut Strg + * markiert auf schnelle Weise den zu formatierenden Bereich.
- Über FORMAT - SPALTE wählt sie die Formatierung **Optimale Breite festlegen** aus.

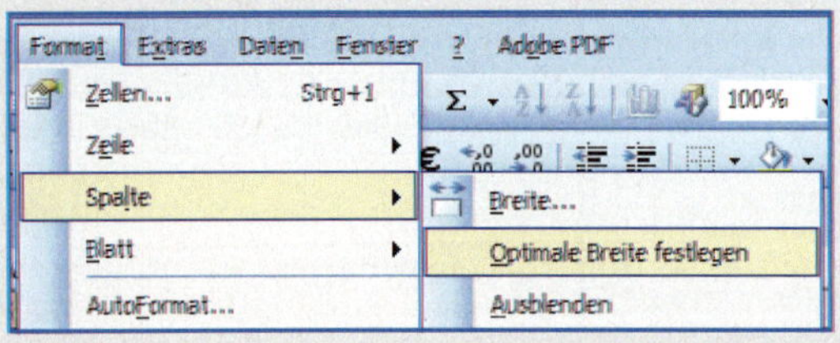

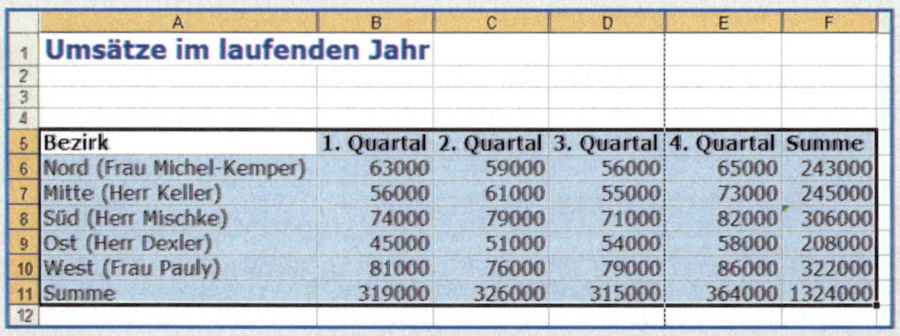

Die gepunktete senkrechte Linie zeigt einen Seitenumbruch an. Die Tabelle würde beim Ausdruck zwei Seiten benötigen.

Christina erkennt, dass die Spalten nach dem größten Inhalt einer Zelle ausgerichtet sind.

19.6 Zeilenhöhe vergrößern

Damit die Angaben in den Zellen nicht so eng untereinander stehen, will Christina die Zeilenhöhe etwas vergrößern.

- Dazu markiert sie den Bereich mit dem gleichen Shortcut wie zuvor.
- Wiederum öffnet Sie das Menü - FORMAT und wählt den Untermenüpunkt **Zeile** und die Auswahlmöglichkeit **Höhe...** aus.

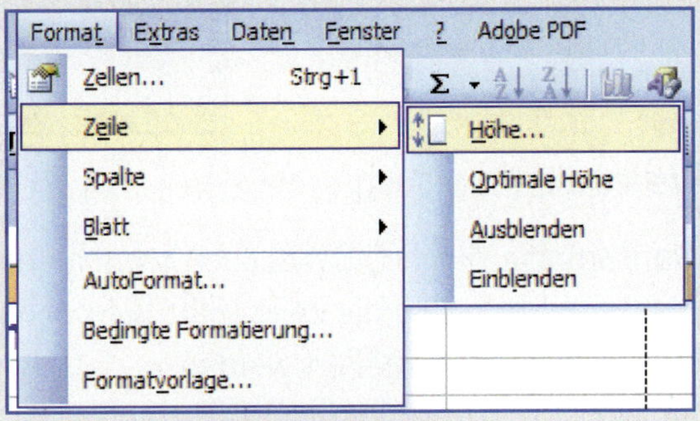

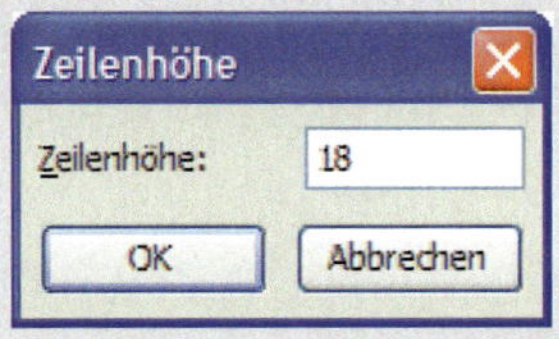

- In dem sich öffnenden Dialogfenster Zeilenhöhe klickt sie mit der Maus in das Eingabefeld, löscht den vorhandenen Wert und gibt die Zahl *18* ein.
- Mit OK bestätigt Christina die Einstellung.

Der Zeilenabstand wird dadurch größer und die Tabelle wirkt großzügiger.

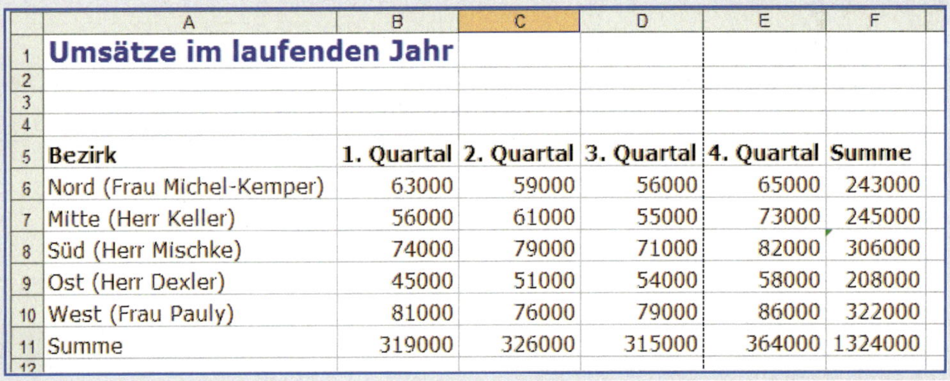

	A	B	C	D	E	F
1	**Umsätze im laufenden Jahr**					
2						
3						
4						
5	**Bezirk**	**1. Quartal**	**2. Quartal**	**3. Quartal**	**4. Quartal**	**Summe**
6	Nord (Frau Michel-Kemper)	63000	59000	56000	65000	243000
7	Mitte (Herr Keller)	56000	61000	55000	73000	245000
8	Süd (Herr Mischke)	74000	79000	71000	82000	306000
9	Ost (Herr Dexler)	45000	51000	54000	58000	208000
10	West (Frau Pauly)	81000	76000	79000	86000	322000
11	Summe	319000	326000	315000	364000	1324000

19.7 Zahlenformat festlegen

Um die Lesbarkeit großer Zahlen zu erleichtern, will Christina diese mit einem Punkt in 1000er gliedern.

- Dazu markiert sie wieder den Datenbereich und öffnet über das Menü Format - ZELLEN das Dialogfenster Zellen formatieren ... .
- Sie holt die Registerkarte **Zahlen** in den Vordergrund. Da Christina Zahlen gliedern will, klickt sie bei Kategorie auf die Auswahlmöglichkeit **Zahl**. Sofort werden im rechten Bereich der Registerkarte weitere Einstellmöglichkeiten eingeblendet.

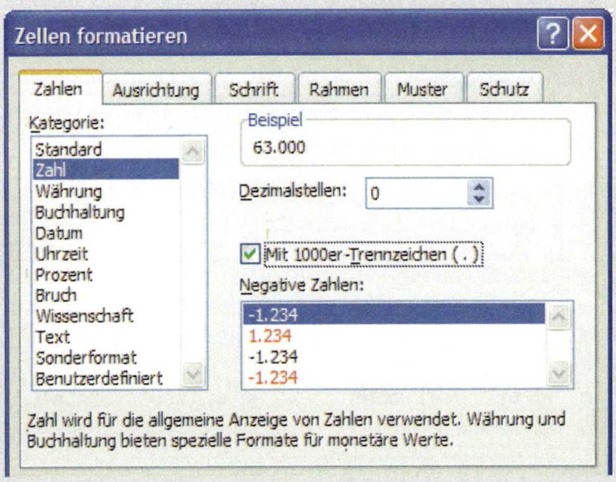

- Sie aktiviert das Kontrollkästchen **1000er-Trennzeichen**, sodass ein Häkchen erscheint.
- Da es nur runde Zahlen sind, ändert sie mit dem Auswahlpfeil nach unten die Einstellung 2 auf 0. Sofort wird das Ergebnis in der Tabelle sichtbar. Die Größendarstellung der Zahlen ist jetzt deutlicher. Mit OK bestätigt Christina die Einstellung.

	A	B	C	D	E	F
1	**Umsätze im laufenden Jahr**					
2						
3						
4						
5	**Bezirk**	**1. Quartal**	**2. Quartal**	**3. Quartal**	**4. Quartal**	**Summe**
6	Nord (Frau Michel-Kemper)	63.000	59.000	56.000	65.000	243.000
7	Mitte (Herr Keller)	56.000	61.000	55.000	73.000	245.000
8	Süd (Herr Mischke)	74.000	79.000	71.000	82.000	306.000
9	Ost (Herr Dexler)	45.000	51.000	54.000	58.000	208.000
10	West (Frau Pauly)	81.000	76.000	79.000	86.000	322.000
11	Summe	319.000	326.000	315.000	364.000	#####

Christina sieht, dass die Gesamtsumme durch Gitterzeichen (Nummernzeichen) dargestellt ist. Diese Gitterzeichen weisen Christina darauf hin, dass die Zelle nicht breit genug ist, um die Zahl vollständig darzustellen. Die Spaltenbreite muss dann vergrößert werden.

- Mit einem **Doppelklick** zwischen den Spaltenköpfen **F** und **G** kann sie die Spalte vergrößern, sodass die Summe wieder sichtbar wird. Bei den vorhandenen Zahlen handelt es sich um Umsätze in der Währung EURO. Daher will Christina den Umsätzen das Währungssymbol EURO zuweisen.

	A	B	C	D	E	F
1	**Umsätze im laufenden Jahr**					
2						
3						
4						
5	**Bezirk**	**1. Quartal**	**2. Quartal**	**3. Quartal**	**4. Quartal**	**Summe**
6	Nord (Frau Michel-Kemper)	63.000	59.000	56.000	65.000	243.000
7	Mitte (Herr Keller)	56.000	61.000	55.000	73.000	245.000
8	Süd (Herr Mischke)	74.000	79.000	71.000	82.000	306.000
9	Ost (Herr Dexler)	45.000	51.000	54.000	58.000	208.000
10	West (Frau Pauly)	81.000	76.000	79.000	86.000	322.000
11	Summe	319.000	326.000	315.000	364.000	1.324.000

- Christina markiert die Zellen mit den Zahlen und öffnet über das Kontextmenü Zellen formatieren ..., das gleichnamige Dialogfenster.
- Bei **Kategorie** klickt sie auf Währung und öffnet bei **Symbol** mit einem Klick auf den Listenpfeil das Pulldownmenü und wählt das €-Zeichen aus.
- Mit OK schließt sie die Auswahl ab.

	A	B	C	D	E	F
1	**Umsätze im laufenden Jahr**					
2						
3						
4						
5	**Bezirk**	**1. Quartal**	**2. Quartal**	**3. Quartal**	**4. Quartal**	**Summe**
6	Nord (Frau Michel-Kemper)	63.000 €	59.000 €	56.000 €	65.000 €	243.000 €
7	Mitte (Herr Keller)	56.000 €	61.000 €	55.000 €	73.000 €	245.000 €
8	Süd (Herr Mischke)	74.000 €	79.000 €	71.000 €	82.000 €	306.000 €
9	Ost (Herr Dexler)	45.000 €	51.000 €	54.000 €	58.000 €	208.000 €
10	West (Frau Pauly)	81.000 €	76.000 €	79.000 €	86.000 €	322.000 €
11	Summe	319.000 €	326.000 €	315.000 €	364.000 €	1.324.000 €

19.8 Rahmen hinzufügen

So formatiert findet sie die Tabelle schon recht übersichtlich. Um die Übersichtlichkeit noch zu erhöhen und die einzelnen Zeilen und Spalten besser auseinander halten zu können, will Christina die Tabelle noch mit Rahmen versehen.

- Sie markiert die Zelle A5 bis F11 und öffnet das Dialogfenster Zellen formatieren ... .
- Sie holt die Registerkarte **Rahmen** in den Vordergrund.
- Für den äußeren Rahmen der Tabelle wählt Christina eine **kräftige Linie** aus und als Farbe ein **Dunkelblau.**

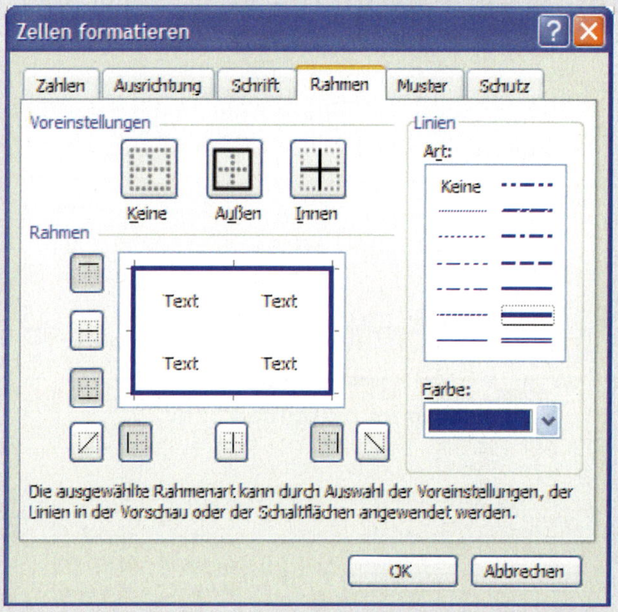

- Danach klickt sie auf die Schaltfläche Außen, um den äußeren Tabellenrahmen einzufügen.
- Für den Innenbereich der Tabelle klickt Christina auf die **feine Linie.**
- Als Farbe wählt sie ein **helles Blau** und klickt auf die Schaltfläche Innen.
- Im Vorschaufenster kann sich Christina die Rahmenformatierungen anschauen und ggf. noch Änderungen vornehmen. Sie ist mit der Auswahl zufrieden und bestätigt mit OK.

Umsätze im laufenden Jahr

Bezirk	1. Quartal	2. Quartal	3. Quartal	4. Quartal	Summe
Nord (Frau Michel-Kemper)	63.000 €	59.000 €	56.000 €	65.000 €	243.000 €
Mitte (Herr Keller)	56.000 €	61.000 €	55.000 €	73.000 €	245.000 €
Süd (Herr Mischke)	74.000 €	79.000 €	71.000 €	82.000 €	306.000 €
Ost (Herr Dexler)	45.000 €	51.000 €	54.000 €	58.000 €	208.000 €
West (Frau Pauly)	81.000 €	76.000 €	79.000 €	86.000 €	322.000 €
Summe	319.000 €	326.000 €	315.000 €	364.000 €	1.324.000 €

19.9 Hintergrundfarbe hinzufügen

Zur weiteren Übersichtlichkeit sollen die Spaltenüberschriften und die Summen aller Quartale mit einer Hintergrundfarbe versehen werden.

- Christina markiert mit gedrückter Strg-Taste und dem Ziehen mit der Maus die Zellen A5 : F5 und A11 : F11.
- Sie öffnet wiederum das Dialogfenster Zellen formatieren und holt die Registerkarte **Muster** in den Vordergrund.
- Bei Zellenschattierung wählt sie ein zartes *Hellgrün* aus und bestätigt mit OK.

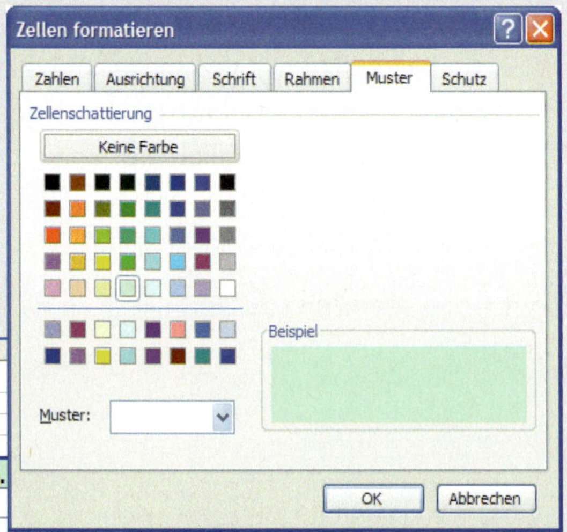

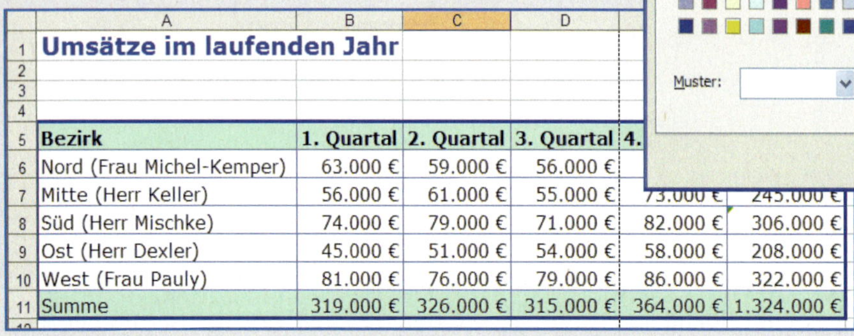

- Zur besseren Unterscheidung der Quartale will Christina eine kräftigere senkrechte Linie setzen.
- Sie markiert wieder den Datenbereich und öffnet das Dialogfenster Zellen formatieren.
- In der Registerkarte **Rahmen** wählt sie eine kräftigere Linie aus und klickt auf die beiden Schaltflächen für **senkrechte Linien.**
- Die Auswahl bestätigt Christina mit OK.

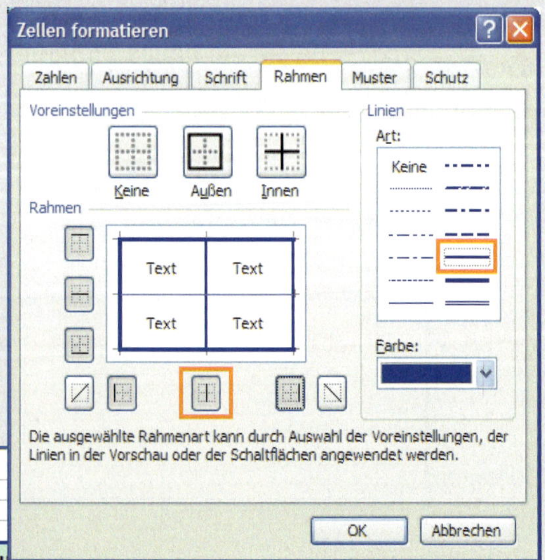

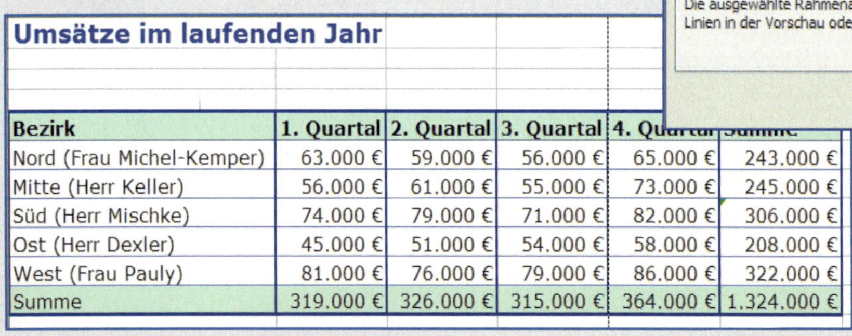

- Mit dem Ergebnis zufrieden, speichert Christina die Arbeitsmappe unter dem gleichen Dateinamen.

20 Drucken

Mit der Gestaltung der Tabelle hat sich Christina viel Mühe gegeben. Einen Ausdruck will sie Frau Jung zeigen, bevor Abteilungsleiter Herr Schader die Tabelle erhält.

Frau Jung hat sie darauf hingewiesen, dass es sehr wichtig ist, sich vor dem Drucken die Tabelle in der Seitenansicht anzuschauen und vom Layout zu überzeugen. Es ist wichtig, sich genau zu überlegen z. B.:

- was gedruckt werden soll (Tabellenblatt oder Arbeitsmappe)
- welches Seitenlayout
- welches Papierformat
- eine oder mehrere Seiten
- welche Seitenränder
- Seitenwechsel
- welcher Druckbereich
- Kopf- und Fußzeile
- Druckerauswahl
- Drucktitel einrichten

20.1 Seitenansicht

- Mit einem Klick auf das Symbol in der Symbolleiste wechselt Christina in die Seitenansicht und schaut sich die Menüpunkte näher an.

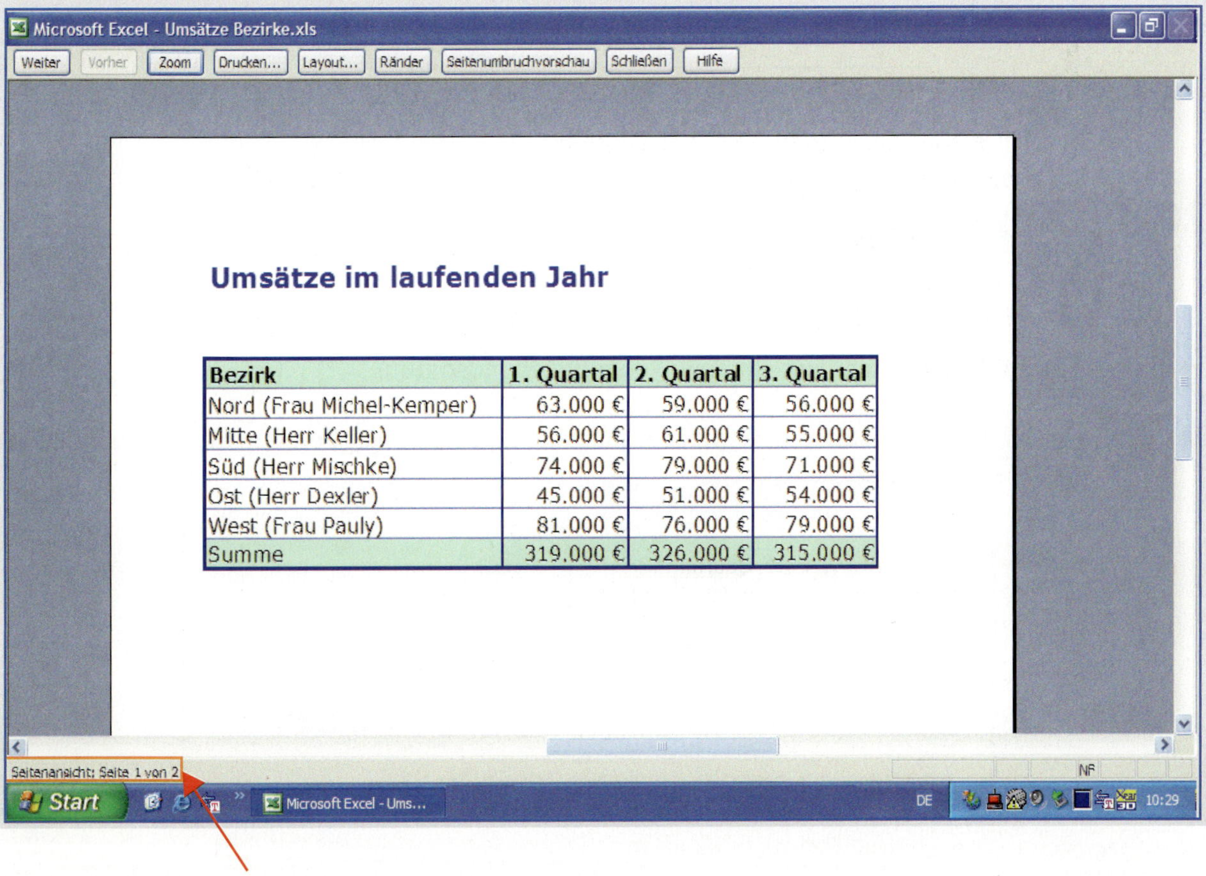

Bezirk	1. Quartal	2. Quartal	3. Quartal
Nord (Frau Michel-Kemper)	63.000 €	59.000 €	56.000 €
Mitte (Herr Keller)	56.000 €	61.000 €	55.000 €
Süd (Herr Mischke)	74.000 €	79.000 €	71.000 €
Ost (Herr Dexler)	45.000 €	51.000 €	54.000 €
West (Frau Pauly)	81.000 €	76.000 €	79.000 €
Summe	319.000 €	326.000 €	315.000 €

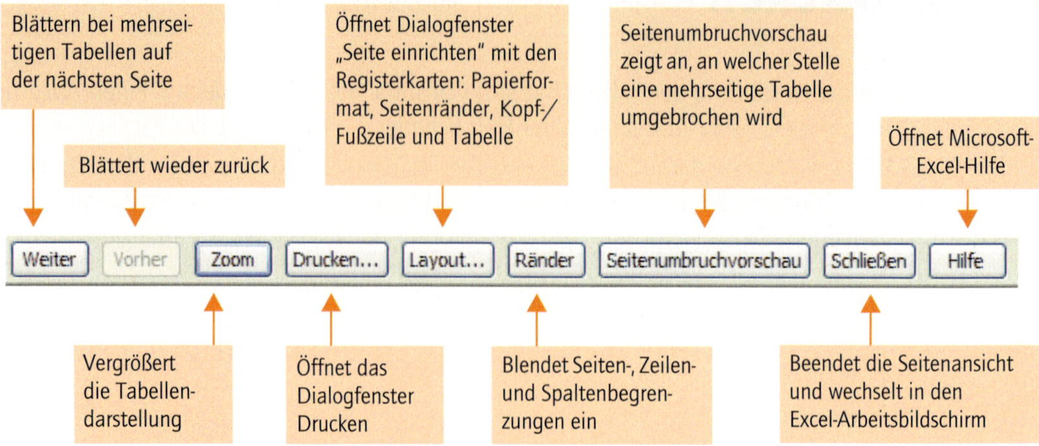

20.2 Papierformat

Ein Blick in die Statusleiste zeigt Christina, dass die Tabelle zwei Seiten hat. Dies möchte sie nicht. Die Tabelle soll auf einer Seite gedruckt werden, daher entscheidet sie sich für das Querformat.

- Sie wechselt über die Schaltfläche **Layout** in das Dialogfenster Seite einrichten und klickt dort auf die Registerkarte **Papierformat** und aktiviert **Querformat.**

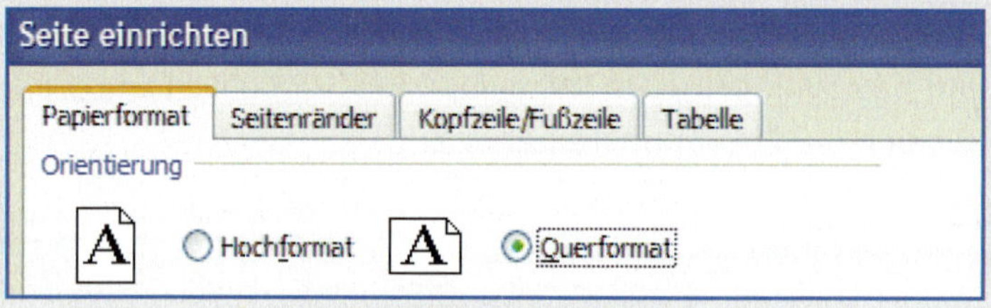

20.3 Kopfzeile/Fußzeile

In der Fußzeile will Christina die Tabelle mit folgenden Angaben kennzeichnen:

ihrem Namen, dem Firmennamen, dem Erstellungsdatum

- Sie wechselt in die Registerkarte **Kopfzeile/Fußzeile** und wählt hier **Benutzerdefinierte Fußzeile**.

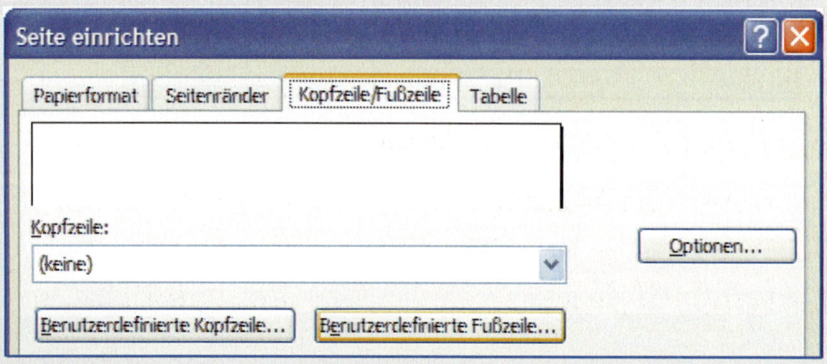

- Danach öffnet sich ein dreigeteiltes Eingabefeld. In das linke Feld schreibt sie ihren Namen.
- In der Mitte ergänzt sie den Firmennamen.
- Zum Einfügen des aktuellen Datums klickt sie auf das Symbol **Datum**.

- Die Eingaben in der Kopf-/Fußzeile schließt Christina mit OK.

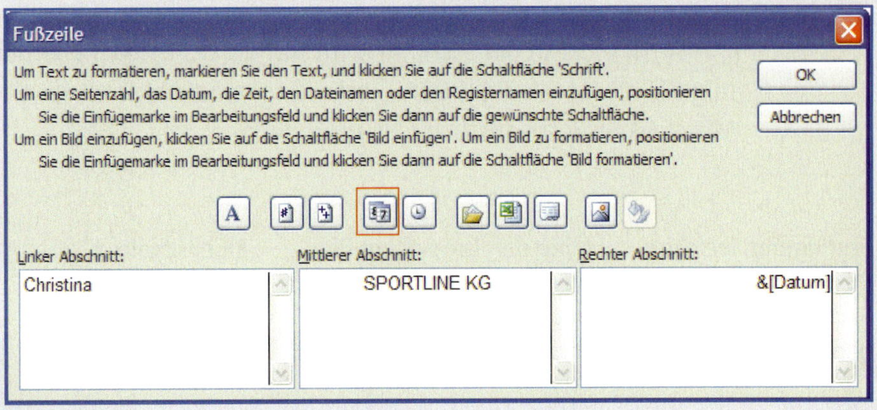

20.4 Seitenränder

In der Registerkarte **Seitenränder** kann Christina den Druckbeginn vom *oberen, unteren, linken und rechten Papierrand* festlegen. Auch die Positionen von Kopf- und Fußzeile kann sie an dieser Stelle bestimmen.

- Damit die Tabelle ausgewogen auf dem Papier steht, ändert Christina die Werte:

Oben: 4 cm
Unten: 3 cm
Links: 2,5 cm
Rechts: 2,5 cm

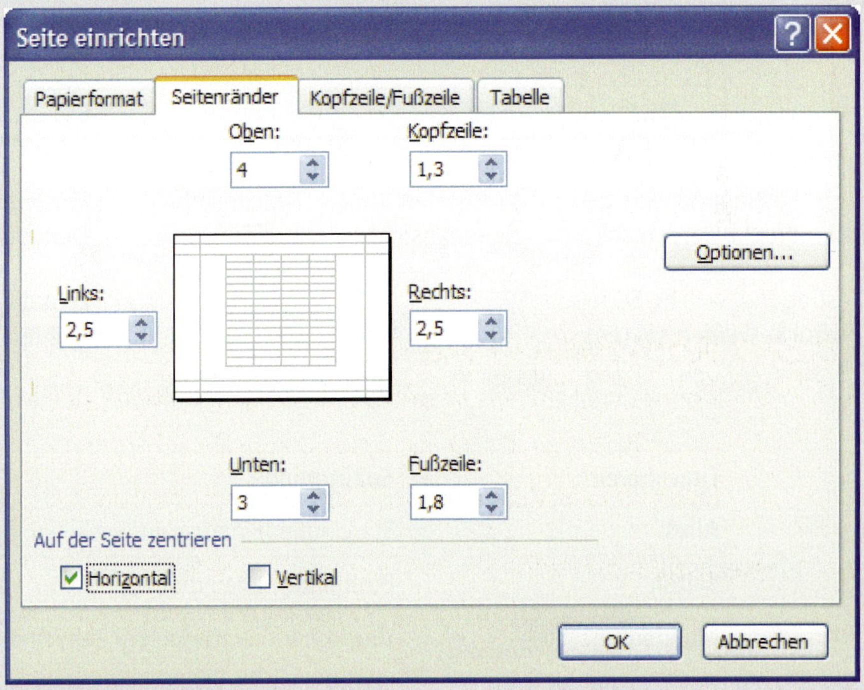

- Den Abstand der Fußzeile ändert sie auf 1,8 cm.
- Damit die Tabelle auf dem A4-Blatt genau in der Mitte steht, aktiviert sie das Kontrollkästchen Horizontal.
- Die Eingaben beendet sie mit einem Klick auf die Schaltfläche OK und gelangt wieder in die Seitenansicht.

20.5 Druckeinstellungen

Christina klickt in der Seitenansicht auf die Schaltfläche **Drucken** und öffnet das gleichnamige Dialogfenster mit den Einstellungsmöglichkeiten für den Ausdruck. Die zahlreichen Möglichkeiten schaut sich Christina genauer an.

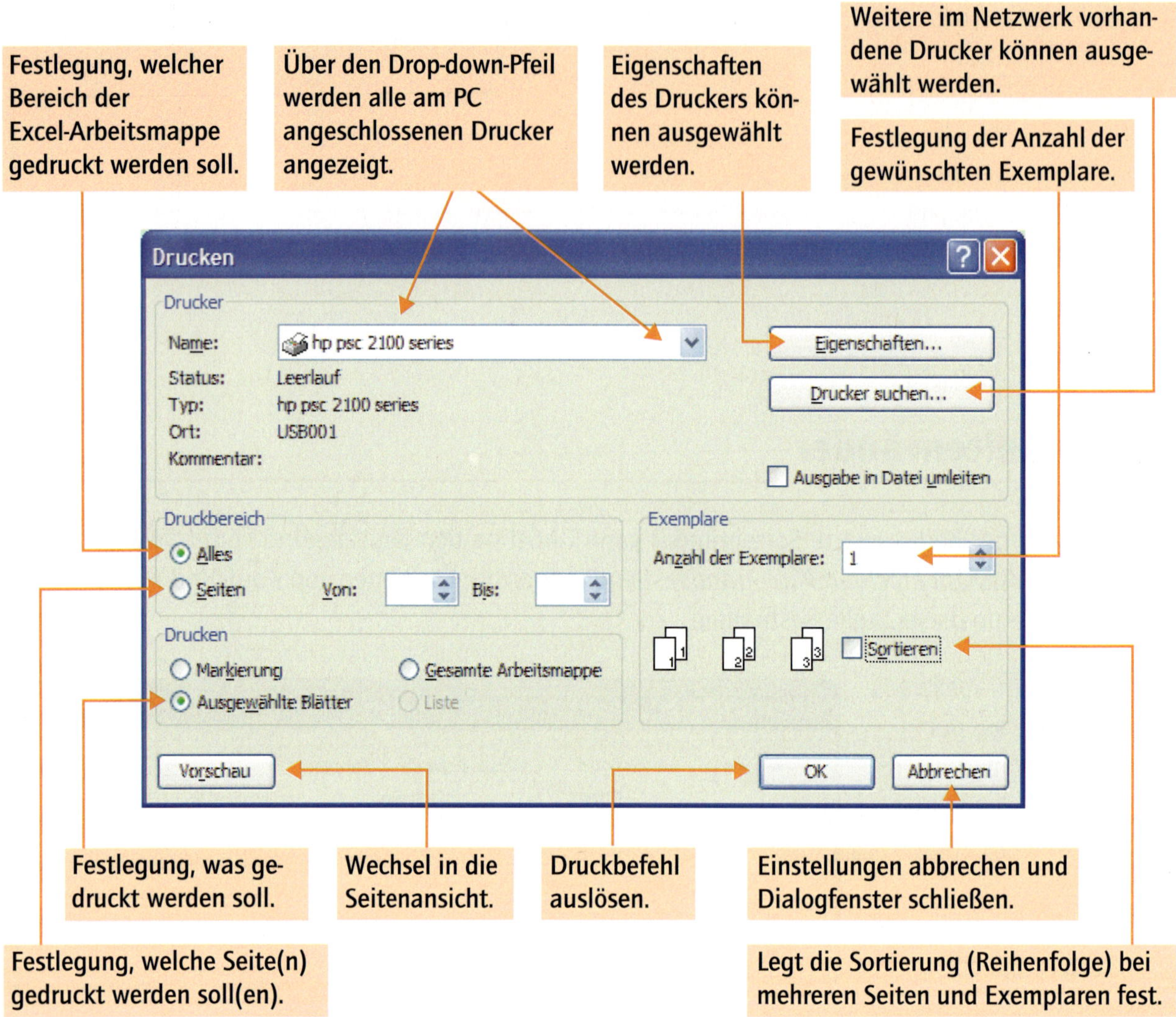

Druckbereich	Erläuterung
Alles	Standardmäßig aktiviert; Tabellenblatt wird komplett gedruckt
Seiten	Bestimmte Seiten drucken
Markierung	Druckt nur den markierten Bereich der Tabelle
Ausgewählte Blätter	Druckt ausgewählte Tabellenblätter innerhalb einer Arbeitsmappe
Gesamte Arbeitsmappe	Gesamte Arbeitsmappe mit allen Tabellenblättern wird gedruckt

- Christina benötigt zwei Exemplare. Daher verändert sie die Anzahl der Exemplare auf **2.** Weitere Einstellungen benötigt sie diesmal nicht.
- Mit einem Klick auf die Schaltfläche OK löst sie den Druck aus.

21 Umsätze aller Vertreter

Die Gesamtumsätze der einzelnen Bezirke liegen nun vor. Die Geschäftsleitung erwartet dringend den Bericht über die Umsatzzahlen der Bezirke. Frau Jung ist mit dem Zusammentragen weiterer Daten noch sehr beschäftigt. Daher bittet sie Christina, ihr zu helfen und eine Tabelle mit folgenden Angaben zu erstellen:

- Namen aller Vertreter
- Bezirke
- Umsätze nach Quartalen
- Umsatzsumme pro Vertreter insgesamt
- Umsätze aller Quartale
- Gesamtjahresumsatz
- Vergleich mit den Summen des Tabellenblattes Regionale Umsätze
- Formatieren
- Fußzeile definieren
- Drucken

- Christina klickt dazu in der Arbeitsmappe **Umsätze Bezirke** auf das Tabellenblatt **Umsätze einzelner Vertreter** und gibt die nachstehende Tabelle ein.

A1 fx Name

	A	B	C	D	E	F	G	H
1	Name	Vorname	Bezirk	1. Quartal	2. Quartal	3. Quartal	4. Quartal	Summe
2	Bareiter	Inge	West					
3	Knoblich	Mario	Mitte					
4	Teschke	Marion	Süd					
5	Jung	Ulich	Ost					
6	Jung	Inge	Süd					
7	Liebetrau	Günter	Mitte					
8	Heindel	Marion	Ost					
9	Grünebaum	Sarah	West					
10	Ebert	Thomas	Ost					
11	Grünebaum	Doris	West					
12	Knoblich	Matthias	Nord					
13	Jung	Verena	Mitte					
14	Grünebaum	Andreas	Nord					
15	Woletz	Doris	Ost					
16	Krupkat	Helma	Mitte					
17	Keim	Johanna	West					
18	Wagner	Thomas	West					
19	Krupkat	Erich	Süd					
20	Keim	Ingrid	Nord					
21	Grünebaum	Günter	Süd					
22			Summe					
23								

Die umfangreiche Eingabe der Zahlenwerte in die Zellen D2 bis G21 will sich Christina mithilfe des Zifferntastenblocks erleichtern.

- Dazu markiert sie die Zellen **D2** bis **G21**, damit sie die Zahlen spaltenweise von oben nach unten eingeben kann.

Christina weiß, sobald sie die Eingabe am Ende der ersten Spaltenmarkierung mit **Enter** oder **Return** bestätigt, springt Excel automatisch in die erste markierte Zelle der nächsten Spalte.

D2 ▾ fx

	A	B	C	D	E	F	G	H
1	Name	Vorname	Bezirk	1. Quartal	2. Quartal	3. Quartal	4. Quartal	Summe
2	Bareiter	Inge	West					
3	Knoblich	Mario	Mitte					
4	Teschke	Marion	Süd					
5	Jung	Ulich	Ost					
6	Jung	Inge	Süd					
7	Liebetrau	Günter	Mitte					
8	Heindel	Marion	Ost					
9	Grünebaum	Sarah	West					
10	Ebert	Thomas	Ost					
11	Grünebaum	Doris	West					
12	Knoblich	Matthias	Nord					
13	Jung	Verena	Mitte					
14	Grünebaum	Andreas	Nord					
15	Woletz	Doris	Ost					
16	Krupkat	Helma	Mitte					
17	Keim	Johanna	West					
18	Wagner	Thomas	West					
19	Krupkat	Erich	Süd					
20	Keim	Ingrid	Nord					
21	Grünebaum	Günter	Süd					
22			Summe					
23								

- Sie gibt die Umsatzzahlen über den Zifferntastenblock ein und schließt jede Eingabe mit der **Enter**-Taste.

	A	B	C	D	E	F	G	H
1	Name	Vorname	Bezirk	1. Quartal	2. Quartal	3. Quartal	4. Quartal	Summe
2	Bareiter	Inge	West	15500	20000	10000	15000	
3	Knoblich	Mario	Mitte	12000	11000	10000	10000	
4	Teschke	Marion	Süd	15000	20000	10000	15000	
5	Jung	Ulich	Ost	5000	10000	10000	10000	
6	Jung	Inge	Süd	23500	19000	11000	15000	
7	Liebetrau	Günter	Mitte	15000	15000	12000	25000	
8	Heindel	Marion	Ost	9000	15000	12000	14000	
9	Grünebaum	Sarah	West	12000	10000	14000	15000	
10	Ebert	Thomas	Ost	12000	16000	14000	14000	
11	Grünebaum	Doris	West	18000	16000	15000	16000	
12	Knoblich	Matthias	Nord	21500	24000	17000	30000	
13	Jung	Verena	Mitte	21000	19000	15000	13000	
14	Grünebaum	Andreas	Nord	22500	20000	16000	20000	
15	Woletz	Doris	Ost	19000	10000	18000	20000	
16	Krupkat	Helma	Mitte	15000	15000	16000	19000	
17	Keim	Johanna	West	14500	15000	20000	17000	
18	Wagner	Thomas	West	21000	15000	20000	23000	
19	Krupkat	Erich	Süd	23000	15000	22000	22000	
20	Keim	Ingrid	Nord	19000	15000	25000	15000	
21	Grünebaum	Günter	Süd	12500	25000	28000	30000	
22			Summe					

- Mit der Eingabe Excel ist Christina fertig. Sie kontrolliert die Zahlen und speichert die Arbeitsmappe unter dem gleichen Dateinamen.
- Christina ermittelt die horizontalen und vertikalen Summen.
- Um die Tabelle übersichtlicher zu gestalten, nimmt Christina folgende Formatierungen vor:
  1. Alle Zahlenwerte erhalten das Währungsformat EURO. €
  2. Sie löscht bei den Zahlen die Nachkommastellen über das Symbol **Dezimalstellen löschen,** da es sich um volle EURO handelt.

3. Christina formatiert die Spaltenüberschriften, die Namen der Vertreter und die Summen fett.
4. Sie rahmt die Tabelle übersichtlich.
5. Für die Bezirke wählt sie unterschiedliche Hintergrundfarben:

Bezirk Mitte	**helles Orange**
Bezirk Nord	**Gelbgrün**
Bezirk Ost	**Hellgelb**
Bezirk Süd	**Aquamarin**
Bezirk West	**Hellrosa**

- Damit die Eingabe- und Formatierungsarbeit nicht verloren geht, speichert Christina die Arbeitsmappe wieder unter dem gleichen Namen.
- Für den Ausdruck legt sie das Querformat fest.
- In der Fußzeile gibt sie ihren Namen ein und das Erstellungsdatum.
- Erneut speichert Christina das Ergebnis und druckt die Tabelle.

	A	B	C	D	E	F	G	H
1	**Name**	**Vorname**	**Bezirk**	**1. Quartal**	**2. Quartal**	**3. Quartal**	**4. Quartal**	**Summe**
2	**Bareiter**	**Inge**	West	15.500 €	20.000 €	10.000 €	15.000 €	**60.500 €**
3	**Knoblich**	**Mario**	Mitte	12.000 €	11.000 €	10.000 €	10.000 €	**43.000 €**
4	**Teschke**	**Marion**	Süd	15.000 €	20.000 €	10.000 €	15.000 €	**60.000 €**
5	**Jung**	**Ulich**	Ost	5.000 €	10.000 €	10.000 €	10.000 €	**35.000 €**
6	**Jung**	**Inge**	Süd	23.500 €	19.000 €	11.000 €	15.000 €	**68.500 €**
7	**Liebetrau**	**Günter**	Mitte	15.000 €	15.000 €	12.000 €	25.000 €	**67.000 €**
8	**Heindel**	**Marion**	Ost	9.000 €	15.000 €	12.000 €	14.000 €	**50.000 €**
9	**Grünebaum**	**Sarah**	West	12.000 €	10.000 €	14.000 €	15.000 €	**51.000 €**
10	**Ebert**	**Thomas**	Ost	12.000 €	16.000 €	14.000 €	14.000 €	**56.000 €**
11	**Grünebaum**	**Doris**	West	18.000 €	16.000 €	15.000 €	16.000 €	**65.000 €**
12	**Knoblich**	**Matthias**	Nord	21.500 €	24.000 €	17.000 €	30.000 €	**92.500 €**
13	**Jung**	**Verena**	Mitte	21.000 €	19.000 €	15.000 €	13.000 €	**68.000 €**
14	**Grünebaum**	**Andreas**	Nord	22.500 €	20.000 €	16.000 €	20.000 €	**78.500 €**
15	**Woletz**	**Doris**	Ost	19.000 €	10.000 €	18.000 €	20.000 €	**67.000 €**
16	**Krupkat**	**Helma**	Mitte	15.000 €	15.000 €	16.000 €	19.000 €	**65.000 €**
17	**Keim**	**Johanna**	West	14.500 €	15.000 €	20.000 €	17.000 €	**66.500 €**
18	**Wagner**	**Thomas**	West	21.000 €	15.000 €	20.000 €	23.000 €	**79.000 €**
19	**Krupkat**	**Erich**	Süd	23.000 €	15.000 €	22.000 €	22.000 €	**82.000 €**
20	**Keim**	**Ingrid**	Nord	19.000 €	15.000 €	25.000 €	15.000 €	**74.000 €**
21	**Grünebaum**	**Günter**	Süd	12.500 €	25.000 €	28.000 €	30.000 €	**95.500 €**
22			**Summe**	**326.000 €**	**325.000 €**	**315.000 €**	**358.000 €**	**1.324.000 €**

21.1 Tabelle sortieren

Christina möchte die Tabelle **„Umsätze aller Vertreter"** noch übersichtlicher aufbereiten und die Namen der Vertreterinnen und Vertreter alphabetisch ordnen. Die Formatierung will sie über die Excel-Symbolleiste ausführen.

Aufsteigend sortieren = Sortiert in aufsteigender Richtung → A↓Z Z↓A ← Absteigend sortieren = Sortiert in absteigender Richtung

- Um eine alphabetische Sortierung nach Namen zu erhalten, **klickt** Christina in die **erste Spalte** der Tabelle und dann auf das Symbol **Aufsteigend** und erhält nebenstehendes Ergebnis:

	A	B	C	D	E	F	G	H
1	Name	Vorname	Bezirk	1. Quartal	2. Quartal	3. Quartal	4. Quartal	Summe
2	Bareiter	Inge	West	15.500 €	20.000 €	10.000 €	15.000 €	60.500 €
3	Ebert	Thomas	Ost	12.000 €	16.000 €	14.000 €	14.000 €	56.000 €
4	Grünebaum	Sarah	West	12.000 €	10.000 €	14.000 €	15.000 €	51.000 €
5	Grünebaum	Doris	West	18.000 €	16.000 €	15.000 €	16.000 €	65.000 €
6	Grünebaum	Andreas	Nord	22.500 €	20.000 €	16.000 €	20.000 €	78.500 €
7	Grünebaum	Günter	Süd	12.500 €	25.000 €	28.000 €	30.000 €	95.500 €
8	Heindel	Marion	Ost	9.000 €	15.000 €	12.000 €	14.000 €	50.000 €
9	Jung	Ulich	Ost	5.000 €	10.000 €	10.000 €	10.000 €	35.000 €
10	Jung	Inge	Süd	23.500 €	19.000 €	11.000 €	15.000 €	68.500 €
11	Jung	Verena	Mitte	21.000 €	19.000 €	15.000 €	13.000 €	68.000 €
12	Keim	Johanna	West	14.500 €	15.000 €	20.000 €	17.000 €	66.500 €
13	Keim	Ingrid	Nord	19.000 €	15.000 €	25.000 €	15.000 €	74.000 €
14	Knoblich	Mario	Mitte	12.000 €	11.000 €	10.000 €	10.000 €	43.000 €
15	Knoblich	Matthias	Nord	21.500 €	24.000 €	17.000 €	30.000 €	92.500 €
16	Krupkat	Helma	Mitte	15.000 €	15.000 €	16.000 €	19.000 €	65.000 €
17	Krupkat	Erich	Süd	23.000 €	15.000 €	22.000 €	22.000 €	82.000 €
18	Liebetrau	Günter	Mitte	15.000 €	15.000 €	12.000 €	25.000 €	67.000 €
19	Teschke	Marion	Süd	15.000 €	20.000 €	10.000 €	15.000 €	60.000 €
20	Wagner	Thomas	West	21.000 €	15.000 €	20.000 €	23.000 €	79.000 €
21	Woletz	Doris	Ost	19.000 €	10.000 €	18.000 €	20.000 €	67.000 €
22			Summe	326.000 €	325.000 €	315.000 €	358.000 €	1.324.000 €

Christina stellt fest, dass die Tabelle alphabetisch nach Namen sortiert wurde. Einige Familiennamen sind mehrfach vorhanden, daher soll die Tabelle zusätzlich nach Vornamen sortiert werden.

- Christina markiert die Zellen A1 bis H21.
- Über Menü DATEN - SORTIEREN öffnet Sie das Dialogfenster Sortieren.

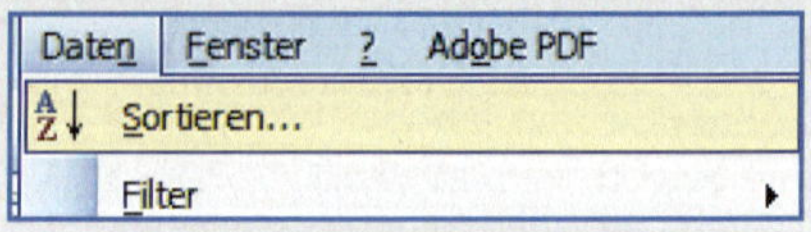

Das Auswahlfenster Sortieren bietet die Möglichkeit, eine Tabelle nach drei Sortierschlüsseln zu ordnen.

Sobald die Option **Liste enthält Überschrift** angeklickt wird, können in den Drop-down-Feldern

- → Sortieren nach ...
- → Anschließend nach ...
- → Zuletzt nach ...

die gewünschten Sortierschlüssel ausgewählt werden. Diese Sortierschlüssel entsprechen den Eintragungen in den Spaltenüberschriften.

- Mit einem Klick auf den Pfeil neben dem ersten einzeiligen Listenfeld, wählt Christina den Sortierschlüssel **Name** aus.
- Im zweiten Listenfeld wählt sie die Sortierfunktion **Vorname** aus.
- Sie schließt die Auswahl mit OK ab und speichert das Ergebnis.

PC468946

Die Tabelle ist nun alphabetisch geordnet; doch Christina ist mit dem Ergebnis nicht ganz zufrieden.

	A	B	C	D	E	F	G	H
1	Name	Vorname	Bezirk	1. Quartal	2. Quartal	3. Quartal	4. Quartal	Summe
2	Bareiter	Inge	West	15.500 €	20.000 €	10.000 €	15.000 €	60.500 €
3	Ebert	Thomas	Ost	12.000 €	16.000 €	14.000 €	14.000 €	56.000 €
4	Grünebaum	Andreas	Nord	22.500 €	20.000 €	16.000 €	20.000 €	78.500 €
5	Grünebaum	Doris	West	18.000 €	16.000 €	15.000 €	16.000 €	65.000 €
6	Grünebaum	Günter	Süd	12.500 €	25.000 €	28.000 €	30.000 €	95.500 €
7	Grünebaum	Sarah	West	12.000 €	10.000 €	14.000 €	15.000 €	51.000 €
8	Heindel	Marion	Ost	9.000 €	15.000 €	12.000 €	14.000 €	50.000 €
9	Jung	Inge	Süd	23.500 €	19.000 €	11.000 €	15.000 €	68.500 €
10	Jung	Ulich	Ost	5.000 €	10.000 €	10.000 €	10.000 €	35.000 €
11	Jung	Verena	Mitte	21.000 €	19.000 €	15.000 €	13.000 €	68.000 €
12	Keim	Ingrid	Nord	19.000 €	15.000 €	25.000 €	15.000 €	74.000 €
13	Keim	Johanna	West	14.500 €	15.000 €	20.000 €	17.000 €	66.500 €
14	Knoblich	Mario	Mitte	12.000 €	11.000 €	10.000 €	10.000 €	43.000 €
15	Knoblich	Matthias	Nord	21.500 €	24.000 €	17.000 €	30.000 €	92.500 €
16	Krupkat	Erich	Süd	23.000 €	15.000 €	22.000 €	22.000 €	82.000 €
17	Krupkat	Helma	Mitte	15.000 €	15.000 €	16.000 €	19.000 €	65.000 €
18	Liebetrau	Günter	Mitte	15.000 €	15.000 €	12.000 €	25.000 €	67.000 €
19	Teschke	Marion	Süd	15.000 €	20.000 €	10.000 €	15.000 €	60.000 €
20	Wagner	Thomas	West	21.000 €	15.000 €	20.000 €	23.000 €	79.000 €
21	Woletz	Doris	Ost	19.000 €	10.000 €	18.000 €	20.000 €	67.000 €
22			Summe	326.000 €	325.000 €	315.000 €	358.000 €	1.324.000 €
23								

- Das Dialogfenster **Sortieren** zeigt ihr drei Sortierungsmöglichkeiten.
- Um die Tabelle übersichtlicher zu gestalten, ändert sie die Sortierfunktion:

Bezirk	**Name**	**Vorname**
als erstes Kriterium	als zweites Kriterium	als drittes Kriterium

Damit sind auch die Umsatzzahlen nach Bezirken geordnet sofort in dieser Tabelle sichtbar.

- Das Ergebnis speichert Christina erneut.
- Damit die Gesamtsumme der Bezirke auch in dieser Tabelle sichtbar ist, fügt Christina eine weitere **Spalte** mit der Überschrift **Summe Bezirk** hinzu.
- Sie ermittelt die **Gesamtsumme** der **Bezirke.**
- Auch diese Spalte **rahmt** sie übersichtlich und formatiert die **Zahlen fett.**
- Für den Ausdruck der Tabelle **„Umsatz einzelne Vertreter"** entscheidet sie sich für das **Querformat**.
- In der Fußzeile ergänzt sie noch den **Tabellentitel.** Anschließend druckt sie die Tabelle.

	A	B	C	D	E	F	G	H	I
1	Name	Vorname	Bezirk	1. Quartal	2. Quartal	3. Quartal	4. Quartal	Summe	Summe Bezirk
2	Jung	Verena	Mitte	21.000 €	19.000 €	15.000 €	13.000 €	68.000 €	
3	Knoblich	Mario	Mitte	12.000 €	11.000 €	10.000 €	10.000 €	43.000 €	
4	Krupkat	Helma	Mitte	15.000 €	15.000 €	16.000 €	19.000 €	65.000 €	
5	Liebetrau	Günter	Mitte	15.000 €	15.000 €	12.000 €	25.000 €	67.000 €	243.000 €
6	Grünebaum	Andreas	Nord	22.500 €	20.000 €	16.000 €	20.000 €	78.500 €	
7	Keim	Ingrid	Nord	19.000 €	15.000 €	25.000 €	15.000 €	74.000 €	
8	Knoblich	Matthias	Nord	21.500 €	24.000 €	17.000 €	30.000 €	92.500 €	245.000 €
9	Ebert	Thomas	Ost	12.000 €	16.000 €	14.000 €	14.000 €	56.000 €	
10	Heindel	Marion	Ost	9.000 €	15.000 €	12.000 €	14.000 €	50.000 €	
11	Jung	Ulich	Ost	5.000 €	10.000 €	10.000 €	10.000 €	35.000 €	
12	Woletz	Doris	Ost	19.000 €	10.000 €	18.000 €	20.000 €	67.000 €	208.000 €
13	Grünebaum	Günter	Süd	12.500 €	25.000 €	28.000 €	30.000 €	95.500 €	
14	Jung	Inge	Süd	23.500 €	19.000 €	11.000 €	15.000 €	68.500 €	
15	Krupkat	Erich	Süd	23.000 €	15.000 €	22.000 €	22.000 €	82.000 €	
16	Teschke	Marion	Süd	15.000 €	20.000 €	10.000 €	15.000 €	60.000 €	306.000 €
17	Bareiter	Inge	West	15.500 €	20.000 €	10.000 €	15.000 €	60.500 €	
18	Grünebaum	Doris	West	18.000 €	16.000 €	15.000 €	16.000 €	65.000 €	
19	Grünebaum	Sarah	West	12.000 €	10.000 €	14.000 €	15.000 €	51.000 €	
20	Keim	Johanna	West	14.500 €	15.000 €	20.000 €	17.000 €	66.500 €	
21	Wagner	Thomas	West	21.000 €	15.000 €	20.000 €	23.000 €	79.000 €	322.000 €
22			Summe	326.000 €	325.000 €	315.000 €	358.000 €	1.324.000 €	1.324.000 €
23									

- Erneut **speichert** sie alle Veränderungen.

21.2 Zeilenhöhe ändern

Nach dem Ausdruck stellt Christina fest, dass die Tabelle schlecht lesbar ist, weil die Zeilen sehr schmal sind. Um die Lesbarkeit zu erhöhen, will sie die Zeilenhöhe verändern.

- Mit gedrückter Maustaste zieht Christina über die Zeilenköpfe, um diese zu markieren.
- Sie führt den Mauszeiger auf die waagerechte Trennlinie zwischen zwei Zeilenköpfen.
- Sobald der Mauszeiger die Form des schwarzen Doppelpfeils annimmt, drückt sie die linke Maustaste. Sofort wird das Quick-Infofeld mit Angabe der Höhe sichtbar.
- Mit gedrückter Maustaste zieht Christina den Doppelpfeil nach unten und erhöht die Zeilenhöhe auf **21**.
- Sie lässt den Mauszeiger los und überprüft die Wirkung dieses Vorgangs. Sie sieht, dass alle markierten Zeilen gleichmäßig in der Höhe verändert sind.
- Christina speichert erneut und druckt die Tabelle noch einmal.

22 Anschriftenliste Vertreter

Christina legt die Tabelle Frau Jung vor, die sich über die schnelle Erledigung der Aufgabe freut. Sie vergleicht die Summen mit der zuvor erstellten Tabelle „Umsätze im laufenden Jahr" und stellt fest, dass Christina genau und richtig gearbeitet hat. Alle Summen stimmen überein. Sie lobt Christina, auch für die übersichtliche und ansprechende Darstellung der Werte.

Mit jeder Aufgabe wird Christina sicherer im Umgang mit Excel, daher überträgt Frau Jung ihr eine weitere Aufgabe. Sie bittet Christina, eine aktuelle Anschriftenliste aller Vertreterinnen und Vertreter anhand der vorliegenden Karteikarten zu erstellen.

22.1 Zelleninhalte kopieren

- Christina überprüft ihre Excel-Arbeitsmappe und stellt fest, dass sie hier bereits ein Tabellenblatt mit der Bezeichnung **Anschriften aller Vertreter** angelegt hat.
- Sie öffnet das Tabellenblatt **Umsätze einzelner Vertreter** und **markiert** alle Zellen mit den **Namen** und dem **Bezirk**.
- Mit einem Klick auf die **rechte** Maustaste öffnet sie das **Kontextmenü** und wählt den Befehl **Kopieren**.

Mit diesem Befehl hat sie den markierten Tabellenbereich in die Zwischenablage kopiert. Der Inhalt der Zwischenablage kann an jeder beliebigen Stelle über das Menü, die Symbolleiste oder das Kontextmenü eingefügt werden.

22.2 Zelleninhalte in neues Tabellenblatt einfügen

- Christina wechselt in das Tabellenblatt **Anschriften aller Vertreter.**

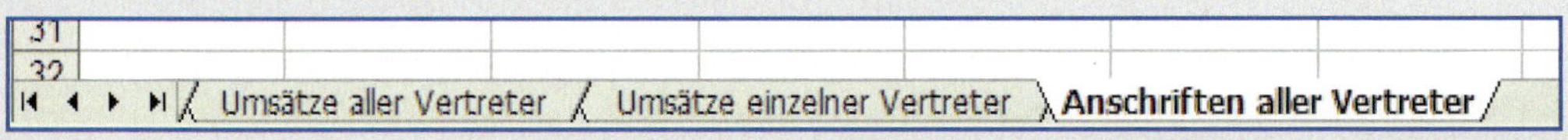

- Sie klickt in die Zelle A1 und danach auf das Symbol Einfügen in der Symbolleiste.

Die Namen der Vertreter und der Bezirke stehen jetzt im Tabellenblatt, ohne dass Christina diese nochmals eingeben muss.

Die vorhandenen Formatierungen will Christina über die Symbolleiste entfernen.

- Sie markiert die Zellen und deaktiviert den Fettdruck mit einem Klick auf das Symbol **F** in der Formatsymbolleiste.
- Die vorhandene Hintergrundfarbe entfernt sie mit einem Klick auf die Schaltfläche Füllfarbe und wählt **Keine Füllung.**

- Christina klickt auf den Drop-down-Pfeil neben dem Symbol Rahmen und wählt **Kein Rahmen.**

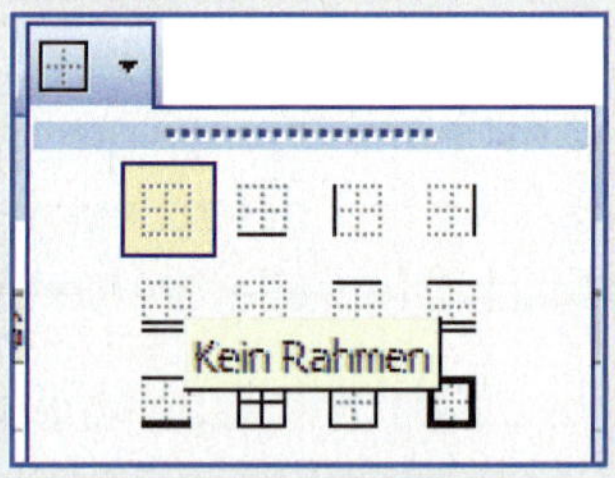

- Um die Anschriftenliste mit einer Überschrift zu versehen, fügt Christina über der Zeile 1 eine zusätzliche **Zeile** ein.
  Sie ergänzt die **Spaltenüberschriften** mit **Straße, PLZ, Ort, E-Mail** und **Mobiltelefon.**

Die Spalte über die Bezirksangabe möchte Christina an den Schluss der Tabelle setzen.

- Dazu markiert Christina die Spalte Bezirk und klickt auf das Symbol Ausschneiden.
- Sie klickt in die Zelle I1 und fügt mit dem Symbol Einfügen die Spalte ein.

Beachte: Wird die ausgeschnittene Spalte über das Symbol **Einfügen** eingefügt, bleiben die leeren Zellen erhalten - die Spalte wird nicht gelöscht.

- Christina vervollständigt die Tabelle **Anschriften aller Vertreter.**
- Sie **kontrolliert** noch einmal ihre Eingaben mit den Angaben der Karteikarten und speichert unter dem gleichen Dateinamen.

Die Überschrift möchte Christina zentriert über den Tabellenspalten ausrichten, um die Tabelle noch ansprechender zu gestalten.

- Sie markiert die Zellen A1 : H1 und klickt mit der Maus auf das Symbol **Verbinden und zentrieren.**
- Die Schriftgröße der Überschrift ändert sie auf **12** und formatiert sie **fett.**
- Für die Spaltenüberschriften legt Christina ebenfalls das Format **Fettdruck** fest und wählt eine **hellgraue Füllfarbe** für diese Zellen.
- Christina **optimiert** die Spaltenbreite.
- Sie ändert die **Zeilenhöhe** auf **20,25** und **rahmt** die Tabelle.
- Damit das Ergebnis nicht verloren geht, **speichert** sie die Arbeitsmappe.

	A	B	C	D	E	F	G	H
1	Privatanschriften der Vertreter aller Bezirke							
2	Name	Vorname	Straße	PLZ	Ort	E-Mail	Mobiltelefon	Bezirk
3	Jung	Verena	Marktplatz 7	63065	Offenbach	v.jung@web.de	0160 2456487	Mitte
4	Knoblich	Mario	Feldstraße 5	63517	Gelnhausen	knoblich@t-online.de	0171 3456732	Mitte
5	Krupkat	Helma	Zeil 72	60313	Frankfurt	helma.krupkat@aol.de	0178 4744832	Mitte
6	Liebetrau	Günter	Lamboystraße 2	63452	Hanau	liebetrau@t-online.de	0160 5852921	Mitte
7	Grünebaum	Andreas	Oderweg 17	34131	Kassel	grun-andi@aol.de	0171 6548291	Nord
8	Keim	Ingrid	Fallbachstraße 7	34298	Helsa	iddi.keim@t-online.de	0175 6523884	Nord
9	Knoblich	Matthias	Nordring 8	35066	Frankenberg	m-knoblich@aol.de	0171 8802441	Nord
10	Ebert	Thomas	Nobelstraße 22	36041	Fulda	tom-ebert@t-online.de	0172 9603218	Ost
11	Heindel	Marion	Steinweg 15	36251	Bad Hersfeld	m-heindel@gmx.de	0160 6218241	Ost
12	Jung	Ulich	Leipziger Ring 31	36088	Hünfeld	uli-jung@gmx.de	0160 6487232	Ost
13	Woletz	Doris	Lindenallee 60	36199	Rotenburg	doris.wol@t-online.de	0171 3451312	Ost
14	Grünebaum	Günter	Jakobstraße 11	64297	Darmstadt	gue-gruen@web.de	0178 4676832	Süd
15	Jung	Inge	Kiefernweg 3	64625	Bensheim	inge-jung@web.de	0160 2930321	Süd
16	Krupkat	Erich	Siedlerweg 7	64646	Heppenheim	krupkat@t-online.de	0171 6912591	Süd
17	Teschke	Marion	Drosselweg 9	64295	Darmstadt	m.teschke@gmx.de	0175 7206524	Süd
18	Bareiter	Inge	Taunusring 92	65205	Wiesbaden	bareiter@t-online.de	0171 2469641	West
19	Grünebaum	Doris	Jungfernborn 19	65527	Niedernhausen	gruen-doris@web.de	0172 3244118	West
20	Grünebaum	Sarah	Karlsbader Weg 2	35781	Weilburg	sarah-gruen@aol.de	0160 6585241	West
21	Keim	Johanna	Fichtenweg 19	65191	Wiesbaden	hanna-keim@gmx.de	0160 2783325	West
22	Wagner	Thomas	Finkenweg 5	65385	Rüdesheim	tom.wagner@web.de	0171 3990413	West

22.3 Tabelle fixieren

Durch die Veränderung der Spaltenhöhe kann Christina die Tabelle nicht mehr komplett auf einer Bildschirmseite sehen. Sobald sie über die Bildlaufpfeile oder die Taste Bild ⇩ nach unten blättert, sind die Spaltenüberschriften nicht mehr sichtbar. Dies gefällt Christina nicht. Sehr leicht kann dadurch die Übersicht einer umfangreichen Tabelle verloren gehen.

Frau Jung erklärt Christina, dass die Spaltenüberschriften oder Zeilenbezeichnungen einer mehrseitigen Tabelle beim Rollen erhalten bleiben, wenn sie diese zuvor fixiert. Dabei rollt zwar die Tabelle, die fixierten Spaltenüberschriften bleiben aber sichtbar.

Sie macht Christina darauf aufmerksam, dass zum Fixieren einer Zeile, z. B. der Spaltenüberschriften, die Zeile darunter markiert werden muss.

Christina will es gleich an der Tabelle ausprobieren.

- Dazu klickt sie auf den **Zeilenkopf 3** der Tabelle.
- Öffnet das Menü FENSTER - FENSTER FIXIEREN.

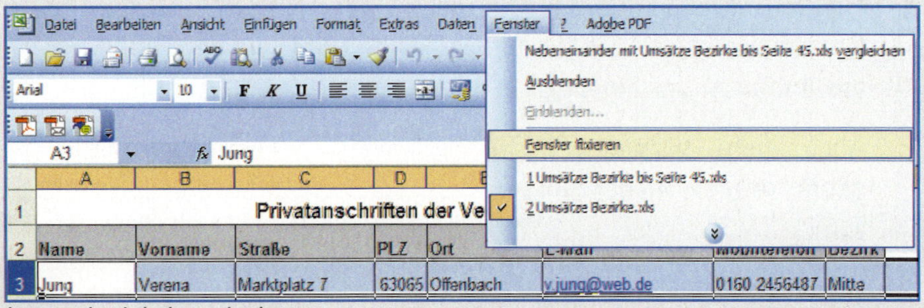

- Erfreut stellt Christina fest, dass sie in der Tabelle abwärts blättern kann, die Spaltenüberschriften dennoch sichtbar sind.

Hätte Christina statt des Zeilenkopfes den Spaltenkopf angeklickt, wäre durch den Befehl **Fenster fixieren** die Spalte fixiert worden. Dies ist beim Navigieren in sehr breiten Tabellenblättern hilfreich.

- Christina wählt erneut den Befehl FENSTER, klickt auf **Fixierung aufheben** und deaktiviert damit die Fixierung.

22.4 Tabelle filtern

Christina ist von den vielfältigen Möglichkeiten, die Excel für die Tabellenbearbeitung bietet, sehr angetan. Frau Jung freut sich über so viel Begeisterung und erläutert Christina weitere Funktionen.

Sie weist darauf hin, dass sich Tabelleninhalte in Excel nicht nur auf unterschiedlichste Weise darstellen, sondern auch auswerten lassen. So kann Christina beispielsweise durch das Setzen eines so genannten Filters erreichen, dass nur die Werte, die einem bestimmten Kriterium entsprechen, angezeigt werden. Mithilfe der Filterfunktionen wird sehr schnell nach einer Untermenge von Daten in einer Liste (Tabelle) gesucht.

- Christina klickt mit dem Mauszeiger in die Tabelle und wählt über Menü DATEN - FILTER.
- Über den rechten Pfeil neben Filter öffnet sich ein weiteres Flyout-Menü. Hier wählt Christina den Menüpunkt **AutoFilter.**

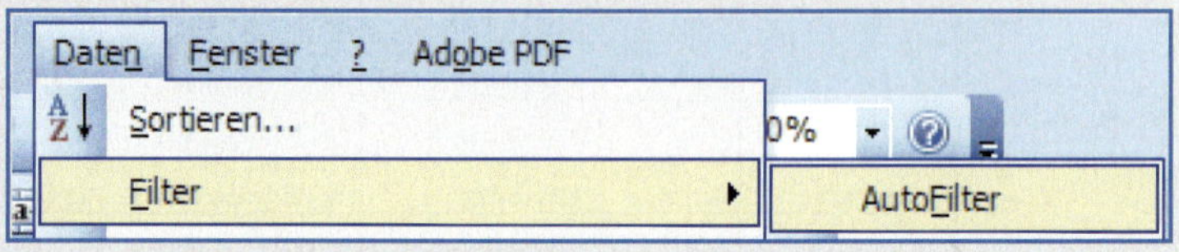

- Christina erkennt, dass Excel jetzt rechts neben den Spaltenbeschriftungen Drop-down-Pfeile anzeigt. Um das Filterkriterium zu bestimmen, muss sie den Drop-down-Pfeil anklicken und aus dem sich öffnenden Menü das Gewünschte auswählen.
- Christina klickt den Drop-down-Pfeil neben der Spaltenbeschriftung **Bezirk** an.
- Danach wählt sie das Filterkriterium **West**.

Privatanschriften der Vertreter aller Bezirke

	Name	Vorname	Straße	PLZ	Ort	E-Mail	Mobiltelefo	Bezi
18	Bareiter	Inge	Taunusring 92	65205	Wiesbaden	bareiter@t-online.de	0171 2469641	West
19	Grünebaum	Doris	Jungfernborn 19	65527	Niedernhausen	gruen-doris@web.de	0172 3244118	West
20	Grünebaum	Sarah	Karlsbader Weg 2	35781	Weilburg	sarah-gruen@aol.de	0160 6585241	West
21	Keim	Johanna	Fichtenweg 19	65191	Wiesbaden	hanna-keim@gmx.de	0160 2783325	West
22	Wagner	Thomas	Finkenweg 5	65385	Rüdesheim	tom.wagner@web.de	0171 3990413	West

Das Filterergebnis zeigt nun die Anschriften der Vertreter, die dem Bezirk West angehören.

Christina probiert weitere Filtermöglichkeiten aus:

- Sie setzt das Filterergebnis wieder zurück. Dazu klickt sie erneut auf den Pfeil **Bezirk** und wählt **(Alle)** aus.
- Für die nächste Filterfunktion will sie alle Vertreter anzeigen lassen, die den Familiennamen **Grünebaum** tragen. Sie klickt in der Spalte **Name** auf den Dropdown-Pfeil, wählt das Filterkriterium aus und prüft das Ergebnis.
- Auch dieses Filterergebnis setzt sie wieder zurück.

Privatanschriften der Vertreter aller Bezirke

	Name	Vorname	Straße	PLZ	Ort	E-Mail	Mobiltelefo	Bezi
19	Grünebaum	Doris	Jungfernborn 19	65527	Niedernhausen	gruen-doris@web.de	0172 3244118	West
20	Grünebaum	Sarah	Karlsbader Weg 2	35781	Weilburg	sarah-gruen@aol.de	0160 6585241	West

- Jetzt filtert sie alle Vertreter heraus, die dem Bezirk **West** angehören und den Familiennamen **Grünebaum** tragen.

Christina ist nun mit der Filterfunktion vertraut und setzt alle Filter wieder zurück.

23 Automatische Ausfüllfunktion

Christina wird noch eine weitere Woche zur Ausbildung in der Abteilung von Frau Jung bleiben. Deshalb möchte Frau Jung gemeinsam mit Christina einen Wochenplan erstellen. In diesen Wochenplan sollen sowohl die Berufsschultage eingetragen werden als auch die geplanten Arbeitsaufträge für Christina.

- Sie öffnet eine neue Excel-Arbeitsmappe.
- Sie speichert diese Arbeitsmappe unter dem Namen **Persönliche Daten** in dem Ordner **Übungen mit Excel** auf dem Desktop.
- Dem ersten Tabellenblatt gibt sie den Namen **Anwesenheitsliste.**
- Dann beginnt Sie in der Zelle B3 mit der Eingabe ***Montag.***

Frau Jung zeigt Christina, dass Excel über eine automatische Ausfüllfunktion verfügt. Mit dieser Funktion können Zellinhalte automatisch ergänzt, weitergeführt und ausgefüllt werden.

Frau Jung gibt in die Zelle B3 den Wochentag Montag an. Sie führt den Mauszeiger auf das kleine schwarze Quadrat rechts unten in der aktiven Zelle. Dabei verwandelt sich der Mauszeiger in ein schwarzes Fadenkreuz. Mit gedrückter Maustaste zieht Frau Jung die markierte Zelle mit dem Kreuz nach rechts. So bald sie die Maustaste loslässt, werden die Wochentage angezeigt.

Die mitlaufende Quickinfo zeigt an, wie weit die AutoAusfüll-Funktion geführt werden soll.

- Christina wiederholt die Funktion. Sie klickt in die Zelle B3 und schreibt das Wort **Montag.** Sie klickt auf den Anfasspunkt der Zelle B3 und zieht über die rechten Zellen.

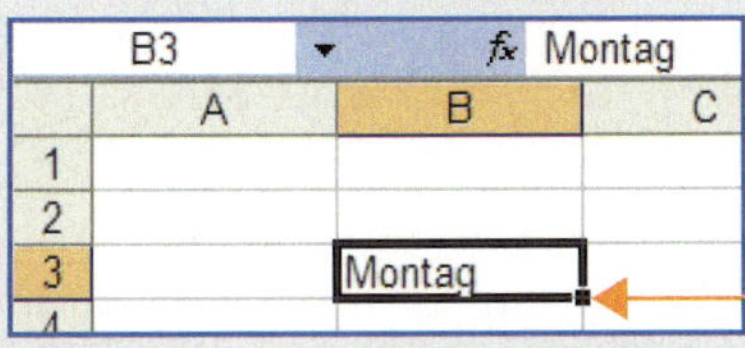

Anfasspunkt für die Ausfüllfunktion

Wie von Geisterhand werden bei dieser Bewegung die Zellinhalte ausgefüllt und automatisch die Wochentage ergänzt

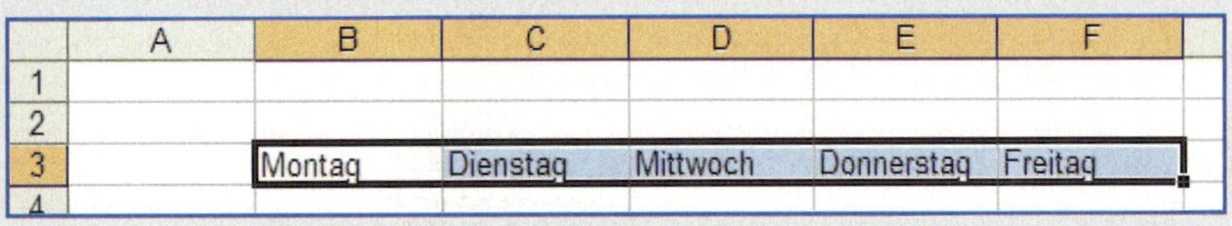

Werden wiederkehrende Reihen benötigt,
ist Excel in der Lage,
diese selbstständig zu erzeugen.

23.1 Zeit-Reihen

Eine Zeit-Reihe kann die Fortsetzung von angegebenen Tagen, Wochen oder Monaten oder sich wiederholende Folgen von Wochentagen, Monatsnamen oder Quartalen enthalten. Die Anfangswerte der Zeiteinheiten in den nachstehenden Tabellen führen beispielsweise zu den folgenden Reihen:

Anfangswerte	Erweiterte Reihen
09:00	10:00, 11:00, 12:00
Mo.	Di., Mi., Do.
Montag	Dienstag, Mittwoch, Donnerstag
Jan.	Febr., März., April

23.2 Ausfüll-Reihen

Mit der AutoAusfüll-Funktion werden **verschiedene** Datentypen, wie in der Tabelle gezeigt, erweitert.

Anfangswert	Erweiterte Reihen
Quartal 3	Quartal 4, Quartal 1, Quartal 2
1. Gang	2. Gang, 3. Gang
Artikel 1	Artikel 2, Artikel 3
1. Bezirk	2. Bezirk, 3. Bezirk

23.3 Arithmetische Reihen

Beim Ausfüllen einer arithmetischen Reihe erhöht oder vermindert Excel Werte, wie in der nachstehenden Tabelle gezeigt, um einen gleich bleibenden Wert. Wichtig dabei ist, dass die ersten beiden Zellen mit den Inhalten markiert werden müssen, bevor die Ausfüllfunktion ausgeführt wird. So könnten beispielsweise nur alle zwei Tage oder alle zwei Monate bestimmte Ereignisse stattfinden.

Anfangswert	Erweiterte Reihen
Januar, März	Mai, Juli
Montag, Mittwoch	Freitag, Sonntag
2005, 2006	2007, 2008
1, 2	3, 4, 5
1, 3	5, 7, 9
100, 95	90, 85

Christina will diese neuen Zeit sparenden Funktionen ausprobieren.

PC468954

- Sie klickt in der Arbeitsmappe **Persönliche Daten** auf das leere Tabellenblatt **Tabelle 2** und beschriftet es mit dem Namen ***AutoAusfüllen***.
- Sie erstellt die nebenstehenden automatischen Ausfüllreihen.
- Zufrieden mit dem Ergebnis **speichert** Christina das Tabellenblatt.

	A	B	C	D	E	F
1	1.	Montag	Januar	01. Mai 05	08:00	5
2	2.	Dienstag	Februar	02. Mai 05	08:30	10
3	3.	Mittwoch	März	03. Mai 05	09:00	15
4	4.	Donnerstag	April	04. Mai 05	09:30	20
5	5.	Freitag	Mai	05. Mai 05	10:00	25
6	6.	Samstag	Juni	06. Mai 05	10:30	30
7	7.	Sonntag	Juli	07. Mai 05	11:00	35
8	8.	Montag	August	08. Mai 05	11:30	40
9	9.		September	09. Mai 05	12:00	45
10	10.		Oktober	10. Mai 05		50
11	11.		November	11. Mai 05		55
12	12.		Dezember	12. Mai 05		60
13						
14	Zimmer 1	Zimmer 2	Zimmer 3	Zimmer 4	Zimmer 5	Zimmer 6
15						

Der Bitte von Frau Jung einen Wochenplan zu erstellen, will Christina gerne nachkommen. Dabei möchte sie die verschiedenen Ausfüllfunktionen anwenden.

- Christina beschriftet das Tabellenblatt **Tabelle 3** mit ***Wochenplan***.

	A	B	C	D	E	F
1						
2			**Ausbildungs-Wochenplan von Christina**			
3	**Zeit**	**Montag**	**Dienstag**	**Mittwoch**	**Donnerstag**	**Freitag**
4	**08:00**	Berufsschule	Excel Frau Jung	Berufsschule	Schriftverkehr	Ablage
5	**08:30**	Berufsschule	Excel Frau Jung	Berufsschule	Schriftverkehr	Ablage
6	**09:00**	Berufsschule	Excel Frau Jung	Berufsschule	Schriftverkehr	Excel Frau Jung
7	**09:30**	Berufsschule	Excel Frau Jung	Berufsschule	Schriftverkehr	Excel Frau Jung
8	**10:00**	Berufsschule	Excel Frau Jung	Berufsschule	Ablage	Excel Frau Jung
9	**10:30**	Berufsschule	Bestellungen	Berufsschule	Ablage	Postbearbeitung
10	**11:00**	Berufsschule	Bestellungen	Berufsschule	Excel Frau Jung	Postbearbeitung
11	**11:30**	Berufsschule	Bestellungen	Berufsschule	Excel Frau Jung	Postbearbeitung
12	**12:00**	Berufsschule	**Pause**	Berufsschule	**Pause**	**Pause**
13	**12:30**	Berufsschule	Postbearbeitung	Berufsschule	Excel Frau Jung	**Endbesprechung**
14	**13:00**	**Pause**	Postbearbeitung	**Pause**	Excel Frau Jung	**Endbesprechung**
15	**13:30**	**Pause**	Postbearbeitung	Berufsschule	Excel Frau Jung	**Endbesprechung**
16	**14:00**	Excel Frau Jung	Präsentation erstellen	Berufsschule	Außenstelle	**Endbesprechung**
17	**14:30**	Excel Frau Jung	Präsentation erstellen	Berufsschule	Außenstelle	
18	**15:00**	Ablage	Präsentation erstellen	Berufsschule	Außenstelle	
19	**15:30**	Ablage	Präsentation erstellen		Außenstelle	
20						

Beim Autoausfüllen stellt Christina fest, dass Excel auch Formatierungen wie Fettdruck oder Hintergrundfarbe übernommen hat.

- Christina **speichert** ihren Ausbildungswochenplan und **druckt** ihn.

23.4 Benutzerdefinierte Liste

Im Gespräch mit Frau Jung erfährt Christina, dass sich mit Excel auch eigene Ausfüllreihen erstellen lassen.

In der SPORTLINE KG wird häufig mit den Bezirksbezeichnungen **Nord, Mitte, Süd, Ost** und **West** gearbeitet. Damit diese Begriffe nicht immer wieder neu eingegeben werden müssen, kann dafür eine benutzerdefinierte Liste definiert werden.

- Christina wählt nach Anweisung von Frau Jung im Menü EXTRAS - OPTIONEN und klickt auf die Registerkarte **Benutzerdefinierte Listen.**

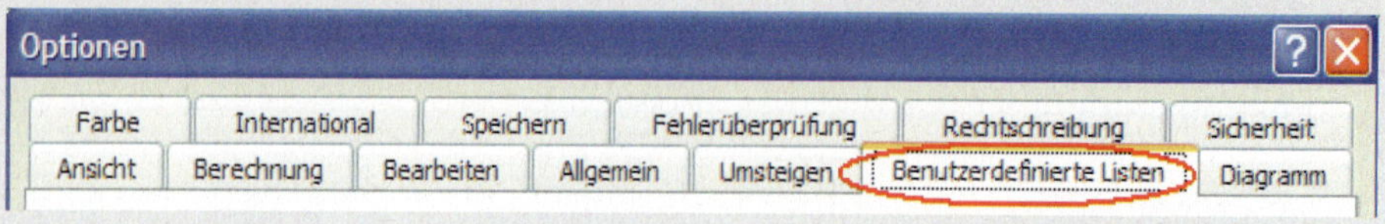

In dieser Registerkarte können eigene Auto-Ausfüll-Listen eingegeben werden. Dabei werden die einzelnen Einträge durch ein Komma voneinander getrennt.

- Christina klickt auf **Neue Liste** und gibt im **Feld Listeneinträge:** die Bezeichnungen der fünf Bezirke (jeweils durch Komma getrennt) ein.

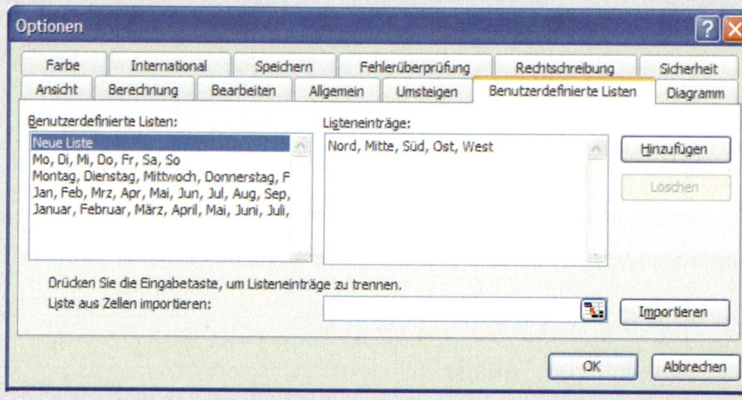

- Danach klickt sie auf die Schaltfläche **Hinzufügen** und bestätigt die **Benutzerdefinierte Liste** durch einen Klick auf die Schaltfläche **OK**.

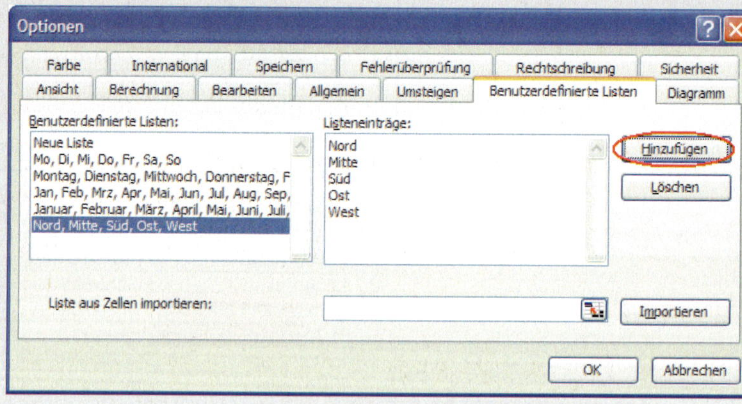

Christina möchte sofort ausprobieren, ob Excel nun tatsächlich diese Begriffe automatisch ergänzt bzw. ausfüllt.

- Christina öffnet eine leere Arbeitsmappe und gibt in die Zelle A1 den Namen des ersten Bezirks **Nord** ein.
- Sie zieht mit gedrückter Maustaste den Anfasspunkt für die Ausfüllfunktion nach rechts.
- Sie erkennt, dass die Reihe automatisch mit den übrigen Namen der Bezirke ergänzt wurde.

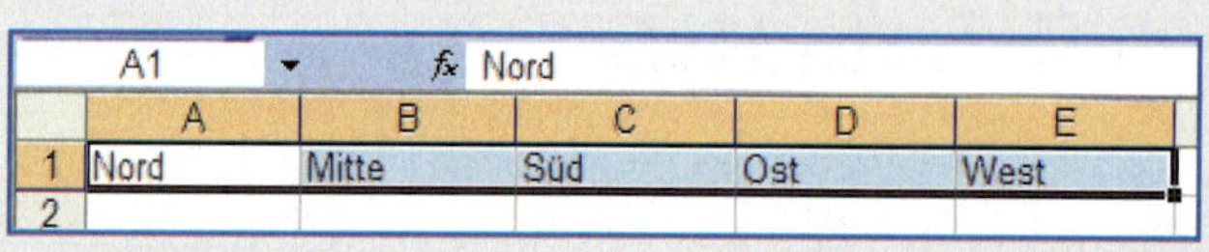

Damit die Namen der Bezirksleiterinnen und Bezirksleiter nicht immer wieder neu geschrieben werden müssen, schreibt Christina diese in die „Benutzerdefinierte Liste" und probiert die Funktion auch gleich aus.

- Zufrieden mit dem Ergebnis schließt Christina die Arbeitsmappe, ohne das Ergebnis zu speichern.

24 Haushaltsbuch

Christina hat durch das praktische Arbeiten in der Abteilung und den unterschiedlichsten Anwendungen in Excel so viel gelernt, dass sie sich zutraut jetzt mithilfe von Excel ein Haushaltsbuch zu erstellen.

Durch das Haushaltsbuch erhofft sie sich endlich Klarheit über ihre Finanzen. Sie will alle Ausgaben und Einnahmen Monat für Monat genau festhalten. Das Haushaltsbuch soll ihr Auskunft geben, wo ihr Geld am Ende eines Monats geblieben ist.

Damit Christina alle erforderlichen Berechnungen durchführen kann, erläutert Frau Jung ihr in einem Gespräch ausführlich die Bestandteile einer Formel.

Dabei geht sie auch auf die wichtigsten Operatoren und mathematischen Grundregeln ein.

24.1 Bestandteile einer Formel

- Formeln dienen zur Berechnung eines Wertes.
- Vor jede Formel muss ein Gleichheitszeichen (=) geschrieben werden.
- Formeln werden wie Texte und Zahlen direkt in eine Zelle oder in die Bearbeitungszeile geschrieben.
- In der Bearbeitungszeile wird die Formel angezeigt.
- Das Ergebnis der Formel ist in der Zelle sichtbar.
- Mithilfe von Klammern ( ) kann die Reihenfolge einer Berechnung beeinflusst werden.

Soll in einer Zelle die Formel und nicht das Ergebnis angezeigt werden, so ist im Menü EXTRAS - OPTIONEN im Register ***Ansicht*** das Kontrollfeld Formeln zu aktivieren. Mit der Tastenkombination Strg + # kann die Formel ein- oder ausgeblendet werden.

24.2 Operatoren

Operatoren sind Rechenzeichen. Mit mathematischen Operatoren werden unterschiedliche Berechnungen durchgeführt. In Excel werden diese Operatoren teilweise anders als bekannt dargestellt.

Mathematische Operatoren			
Operator	Aktion	Beispiel	Ergebnis
+	Addition	=F4+B8	800
-	Subtraktion	=F4-C4	1.200
*	Multiplikation	=F4*4	20.000
/	Division	=F4/5	900
%	Prozent	=F4*5%	520

Punkt- vor Strichrechnung

Bei der Auswertung von Formeln wird folgende Reihenfolge vorgenommen:

Multiplikation/Division, dann Addition/Subtraktion.

BEISPIEL: =((B2+B3)*B4-B5/B6)

24.3 Haushaltsbuch erstellen

- Christina **öffnet** eine **neue** Excel-Arbeitsmappe.
- Sie beschriftet die beiden ersten Tabellenblätter mit **Januar und Februar.**

Für die restlichen Monate des Jahres will sie noch **10 weitere Tabellenblätter** einfügen. Das letzte Tabellenblatt benötigt sie für die Jahresübersicht.

- Für das **Einfügen** der Tabellenblätter öffnet sie das **Kontextmenü** und wählt den Menüpunkt **Einfügen ...**
  Aus dem sich öffnenden Dialogfenster bestätigt sie das bereits markierte Tabellenblatt mit OK.
- Den Vorgang wiederholt sie mit der F4-Taste, bis zur Anzahl der benötigten Tabellenblätter.

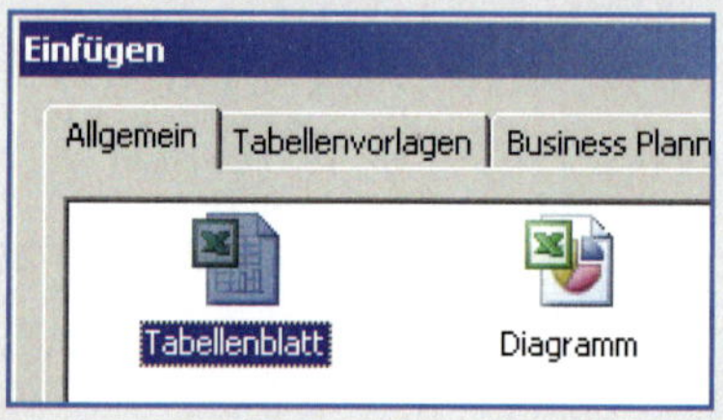

- Die Tabellenblätter beschriftet sie mit den Monatsnamen bis einschließlich Dezember.
- Das letzte Tabellenblatt für die Jahresübersicht beschreibt sie mit **Bilanz**.

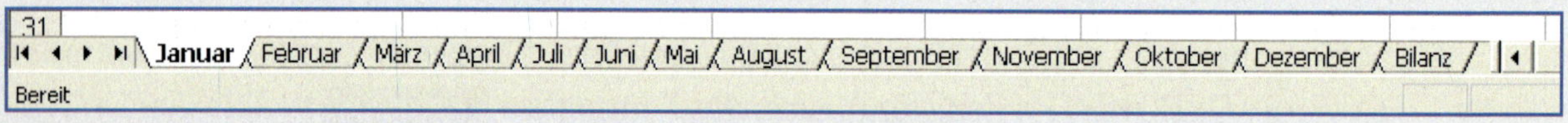

- Die neue Arbeitsmappe speichert Christina in einem neuen Ordner mit dem Namen **Finanzen** auf dem Desktop und dem Dateinamen ***Ein- und Ausgaben***.

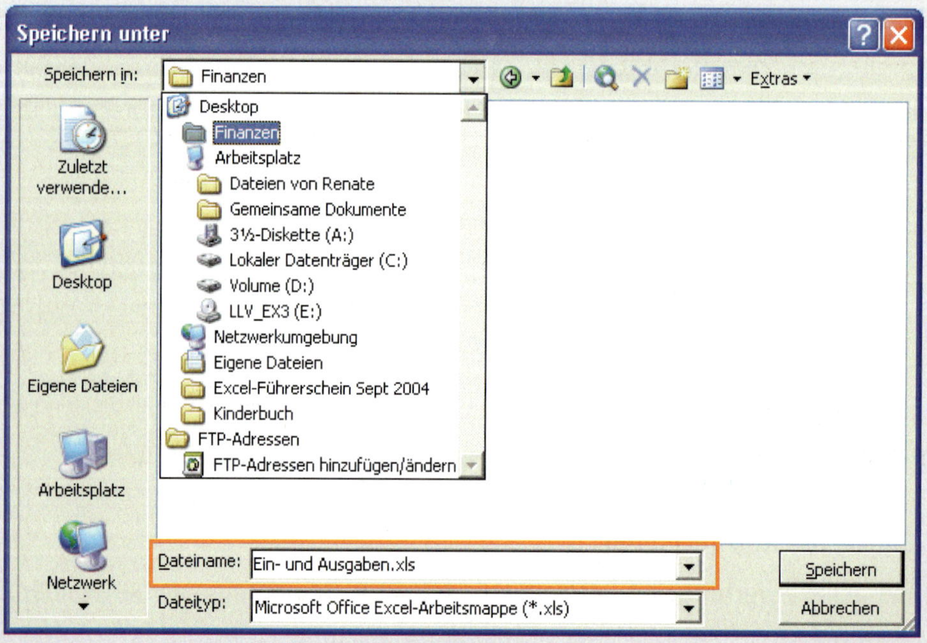

- Die Positionen ihrer Einnahmen und Ausgaben stellt Christina sorgfältig zusammen und schreibt diese in das Tabellenblatt **Januar**.

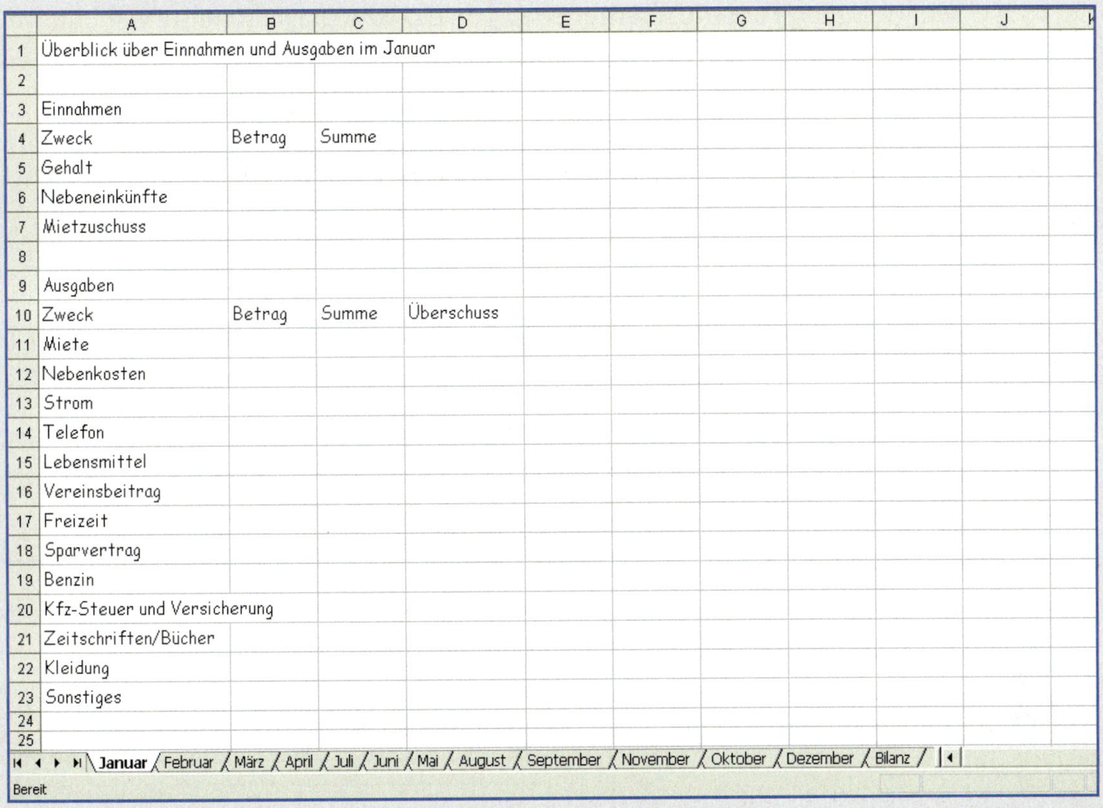

	A	B	C	D
1	Überblick über Einnahmen und Ausgaben im Januar			
2				
3	Einnahmen			
4	Zweck	Betrag	Summe	
5	Gehalt			
6	Nebeneinkünfte			
7	Mietzuschuss			
8				
9	Ausgaben			
10	Zweck	Betrag	Summe	Überschuss
11	Miete			
12	Nebenkosten			
13	Strom			
14	Telefon			
15	Lebensmittel			
16	Vereinsbeitrag			
17	Freizeit			
18	Sparvertrag			
19	Benzin			
20	Kfz-Steuer und Versicherung			
21	Zeitschriften/Bücher			
22	Kleidung			
23	Sonstiges			
24				
25				

- Zunächst formatiert sie die Überschrift in der Schriftart **Comic Sans MS,** im Schriftschnitt **fett**, im Schriftgrad **14** und in der Farbe **Blau**.

- Sie **markiert** die Zellen bis zum Ende der Überschrift und öffnet über das Kontextmenü den Menüpunkt **Zellen formatieren ...**

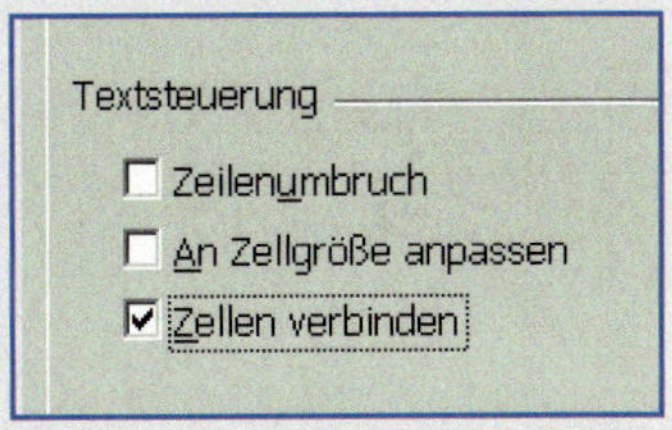

- Aus dem sich öffnenden Dialogfenster holt sie die Registerkarte **Ausrichtung** in den Vordergrund, aktiviert das Kontrollkästchen **Zellen verbinden** und bestätigt mit **OK**.

- Nun beginnt Christina die Tabelle **Einnahmen** mit einem Rahmen zu versehen. Dazu markiert sie den Tabellenbereich **A3** : **D7** und öffnet das Dialogfenster **Zellen formatieren**.

- Sie holt die Registerkarte **Rahmen** in den Vordergrund.
  Für **Außen** entscheidet sie sich für eine kräftige Linie in **Indigoblau.**
  Für **Innen** wählt sie eine dünnere Linie in **Hellblau.**

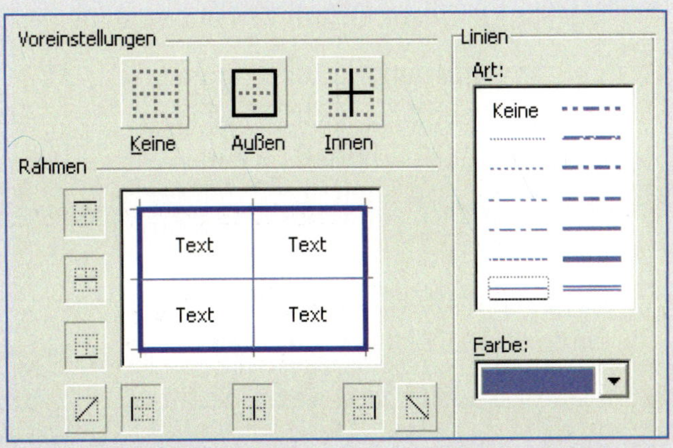

- Die Rahmenformatierung bestätigt sie mit **OK**.

24.4 Formate übertragen

Mit dem Werkzeug **Formate übertragen** in der **Formatsymbolleiste** will Christina sich die Arbeit erleichtern. Formate aus anderen Zellen lassen sich mit diesem Befehl einfach übertragen.

- Christina **markiert** die Tabelle mit den **Einnahmen** und klickt auf das Symbol in der Formatsymbolleiste und hinterlegt dort die markierte Formatierung.

3	Einnahmen			
4	Zweck	Betrag	Summe	
5	Gehalt			
6	Nebeneinkünfte			
7	Mietzuschuss			

- Sie geht mit dem Cursor auf das Wort **Ausgaben**. Dabei verwandelt sich der Mauszeiger in ein weißes Kreuz mit anhängendem Pinsel.
- Sie klickt mit der linken Maustaste auf das Wort **Ausgaben** und zieht mit gedrückter Maustaste den Pinsel über die Tabelle, um die Formatierung zu übertragen. Mit einem Klick außerhalb der Tabelle wird die Formatübertragung sichtbar.

9	Ausgaben			
10	Zweck	Betrag	Summe	Überschuss
11	Miete			
12	Nebenkosten			
13	Strom			
14	Telefon			
15	Lebensmittel			
16	Vereinsbeitrag			
17	Freizeit			
18	Sparvertrag			
19	Benzin			
20	Kfz-Steuer und Versicherung			
21	Zeitschriften/Bücher			
22	Kleidung			
23	Sonstiges			

	A	B	C	D	E	F
1	Überblick über Einnahmen und Ausgaben im Januar					
2						
3	Einnahmen					
4	Zweck	Betrag	Summe			
5	Gehalt					
6	Nebeneinkünfte					
7	Mietzuschuss					
8						
9	Ausgaben					
10	Zweck	Betrag	Summe	Überschuss		
11	Miete					
12	Nebenkosten					
13	Strom					
14	Telefon					
15	Lebensmittel					
16	Vereinsbeitrag					
17	Freizeit					
18	Sparvertrag					
19	Benzin					
20	Kfz-Steuer und Versicherung					
21	Zeitschriften/Bücher					
22	Kleidung					
23	Sonstiges					

- Alle Zellen mit den **Einnahmen und Ausgaben** formatiert Christina in der Schriftart **Verdana** und im Schriftgrad **12.**
- Das Wort **Einnahmen** und die **Spaltenüberschriften** formatiert Christina im Schriftschnitt **fett.**
- Das Wort **Einnahmen** formatiert sie zusätzlich in der Farbe **Blau.**
- Die **Spaltenüberschriften** versieht sie mit einer **Schattierung** passend zur Überschrift.
- Christina **markiert** die Zellen mit den Einnahmen und die nächste Zeile mit den Spaltenüberschriften.
- Mit einem Klick auf das Symbol hinterlegt sie die Formatierung und überträgt diese auf die Zellen der unteren Tabelle mit den Ausgaben.
- Die letzte Spalte passt sie der Spaltenüberschrift an.

	A	B	C	D	E	F
1	Überblick über Einnahmen und Ausgaben im Januar					
2						
3	Einnahmen					
4	Zweck	Betrag	Summe			
5	Gehalt					
6	Nebeneinkünfte					
7	Mietzuschuss					
8						
9	Ausgaben					
10	Zweck	Betrag	Summe	Überschuss		
11	Miete					
12	Nebenkosten					
13	Strom					

24.5 Zellen verbinden

Die Zeilen mit den Bezeichnungen Einnahmen und Ausgaben will sie jeweils zu einer Zelle verbinden.

- Dazu markiert sie die Zellen A3 : D3 und öffnet das Dialogfenster Zellen formatieren.
- Sie setzt die Registerkarte **Ausrichtung** in den Vordergrund, aktiviert das Kontrollkästchen ☑ **Zellen verbinden** und bestätigt mit OK.

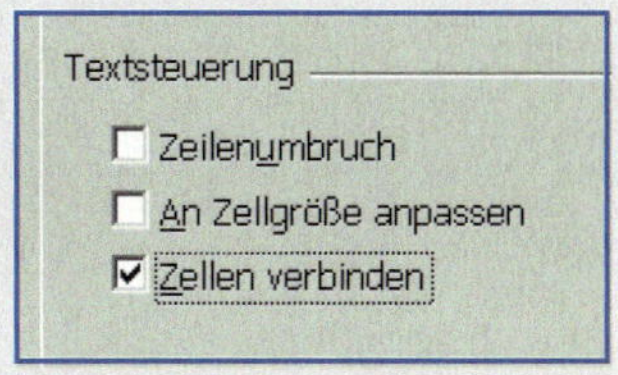

- Mit dem Befehl Formate übertragen überträgt Christina die Formatierung auf die Zellen A9 : D9.

Damit alle Angaben in der Spalte A sichtbar sind, will Christina diese manuell verbreitern.

- Dazu klickt sie in die Zelle A4 und geht mit dem Mauszeiger zwischen die Spalten **A** und **B.**

  Mit gedrückter Maustaste zieht sie die Spalte so breit, bis auch der längste **Verwendungszweck** sichtbar ist.
- Dies wiederholt Christina auch für die Spalte D.

Christina erkennt, dass alle Zellen dieser Spalte vergrößert, die verbundenen Zellen davon aber *nicht* berührt wurden.

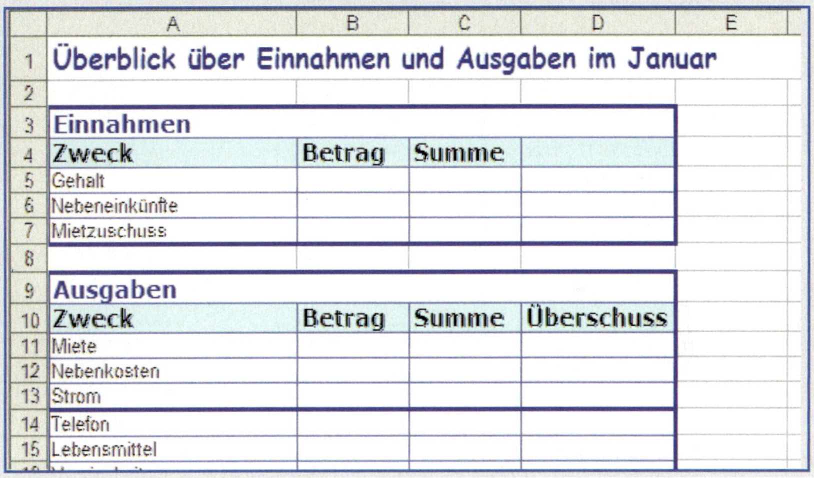

24.6 Kopieren im Gruppenmodus

Das Haushaltsbuch mit allen notwendigen Angaben ist fertig. Damit Christina nicht in jedem Tabellenblatt die feststehenden Angaben über Einnahmen und Ausgaben schreiben muss, will sie die Tabelle in die Mappen Februar bis Dezember auf einmal kopieren.

- Christina markiert mit einem Klick auf den Schnittpunkt zwischen Zeilen- und Spaltenkopf das Tabellenblatt Januar.
- Über das Kontextmenü **kopiert** sie den markierten Bereich.
- Sie klickt auf das Tabellenblatt **Dezember** und aktiviert die Zelle A1.

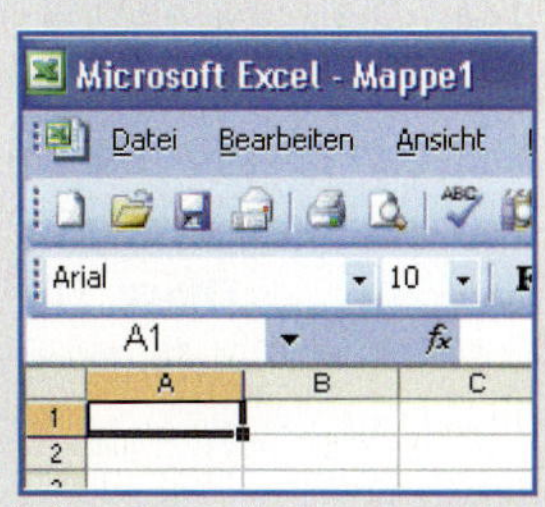

- Mit gedrückter ⇧-Taste klickt sie auf das Tabellenblatt **Februar** und hat damit alle anderen Tabellenblätter markiert (hell unterlegt).

Mit einem Blick in die Titelleiste stellt Christina fest, dass das Wort **Gruppe** in eckigen Klammern hinzugefügt wurde.

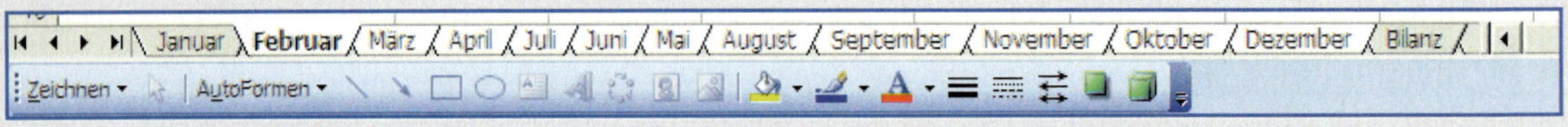

- Wiederum geht sie mit der Maus in die Zelle A1 des Tabellenblattes Dezember und öffnet das Kontextmenü. Sie wählt den Befehl **Inhalte einfügen ...** aus.

- Dabei öffnet sich ein neues Dialogfenster Inhalte einfügen.
Standardmäßig ist die Option **Alles** aktiviert und Christina bestätigt mit OK.
Der Inhalt der Zwischenablage wird mit allen Inhalten und Formatierungen eingefügt.

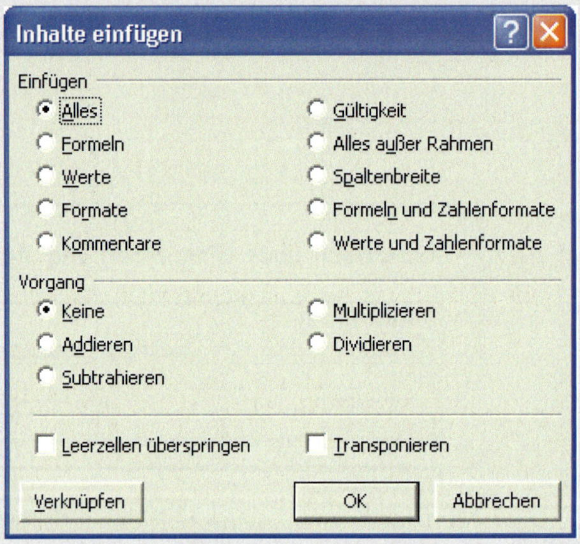

- Mit einem Klick auf die Tabellenzunge **Bilanz** hebt Christina die Gruppierung der Tabellenblätter wieder auf.

- Christina kontrolliert alle Tabellenblätter, ob die Inhalte auch korrekt eingefügt wurden.

24.7 Änderungen im Gruppenmodus

Das Haushaltsbuch mit allen notwendigen Angaben und Formatierungen ist nun in jedem Tabellenblatt vorhanden.

Christina fällt ein, dass es noch einfacher und Zeit sparender wäre, wenn sie die festen Einnahmen und Ausgaben in der Tabelle ergänzt hätte. Damit würde sie sich das Eingeben der Beträge Monat für Monat ersparen. Gleichzeitig könnte sie noch die Zellen mit den notwendigen Formeln versehen und im Währungsformat EURO formatieren.

Diese Überlegungen machen Sinn! Christina will die gleich bleibenden Beträge in einem Arbeitsgang in allen Tabellenblättern ergänzen.

PC468962

- Sie aktiviert das Tabellenblatt **Januar**, hält die ⇧-Taste gedrückt und klickt auf das Tabellenblatt **Dezember**, um die Tabellenblätter der übrigen Monate zu **gruppieren**.
- Christina ergänzt die festen Einnahmen und Ausgaben in der Tabelle und formatiert dies im Währungsformat **Euro.**

Fixe Einnahmen und Ausgaben			
Gehalt	615,30 €	Strom	20,00 €
Mietzuschuss	150,00 €	Vereinsbeitrag	12,50 €
Miete	280,00 €	Sparvertrag	25,00 €
Nebenkosten	60,00 €	Kfz-Steuer/Versicherung	55,00 €

Inzwischen weiß Christina, dass Ergebnisse automatisch aktualisiert werden, sobald Zahlen sich verändern, gelöscht werden oder hinzukommen.

- Daher ermittelt sie mithilfe von Formeln
  - die **Ergebnisse** in der Spalte **Summe** und
  - in der Spalte **Überschuss**,
  - formatiert diese **fett**.

Sobald der Überschuss sich als **Minusbetrag** erweist, soll er in der Farbe **Rot** und mit einem **Minuszeichen** davor angezeigt werden.

- Dazu aktiviert Christina die Zelle mit dem **Überschuss** D11 und holt die Registerkarte **Zahlen** im Fenster Zellen formatieren in den Vordergrund.
- In Kategorie klickt sie auf **Währung**.
- Bei Negative Zahlen wählt sie die Darstellung -1.234,10 € aus.
- Damit die Formeln und die Formatierungen in die darunter liegenden Zellen übertragen werden, kopiert Christina diese.

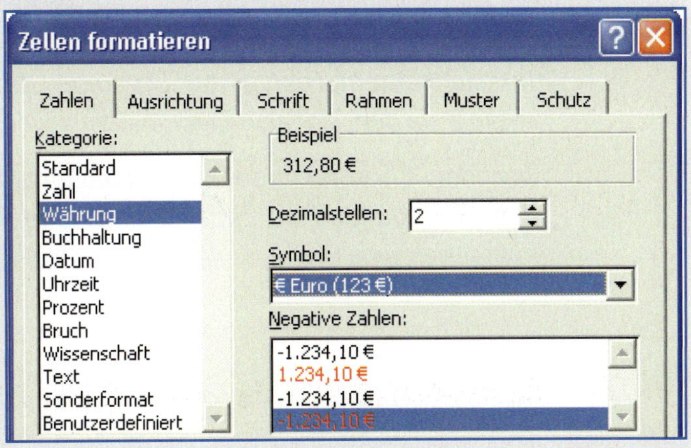

Beachte:
Damit das Währungssymbol in alle Tabellenblätter übernommen wird, muss es über Zellen formatieren eingefügt werden. Formatierungen über das Euro-Symbol in der Standardsymbolleiste werden nicht in alle gruppierten Tabellenblättern übernommen.

Christina ist mit der Tabelle zufrieden. Sie ist überzeugt, dass alle Zeit sparenden Faktoren im Haushaltsbuch vorhanden sind. Die leeren Zellen dienen ihr für eventuelle Anmerkungen.

	A	B	C	D	E	F
1	**Überblick über Einnahmen und Ausgaben im Januar**					
2						
3	Einnahmen					
4	Zweck	Betrag	Summe			
5	Gehalt	615,30 €	**765,30 €**			
6	Nebeneinkünfte					
7	Mietzuschuss	150,00 €				
8						
9	Ausgaben					
10	Zweck	Betrag	Summe	Überschuss		
11	Miete	280,00 €	**452,50 €**	**312,80 €**		
12	Nebenkosten	60,00 €				
13	Strom	20,00 €				
14	Telefon					
15	Lebensmittel					
16	Vereinsbeitrag	12,50 €				
17	Freizeit					
18	Sparvertrag	25,00 €				
19	Benzin					
20	Kfz-Steuer und Versicherung	55,00 €				
21	Zeitschriften/Bücher					
22	Kleidung					
23	Sonstiges					

- Mit einem Klick auf die Tabellenzunge **Bilanz**, hebt sie die Gruppierung wieder auf.
- Christina prüft in Tabellenblättern verschiedener Monate, ob alle Veränderungen, die sie im Tabellenblatt Januar vorgenommen hat, übertragen wurden.

Diese Möglichkeit, Veränderungen im Gruppenmodus vorzunehmen, beeindruckt Christina sehr.

Bei der Kontrolle fällt ihr auf, dass in jedem Tabellenblatt der Monat Januar in der Überschrift steht. Christina will dies über den Gruppenmodus verändern und in den Tabellenblättern Februar bis Dezember den Monatsnamen Januar entfernen. Danach ergänzt sie den Monatsnamen in dem jeweiligen Tabellenblatt.

Nachdem Christina ihre weiteren Einnahmen und Ausgaben ermittelt hat, beginnt sie mit den Eintragungen im Tabellenblatt Januar. Sie prüft, ob die Summen in den Zellen aktualisiert wurden.

Januar			
Nebeneinkünfte	210,00 €	Benzin	70,50 €
Telefon	65,40 €	Zeitschriften/Bücher	23,00 €
Lebensmittel	310,50 €	Kleidung	135,00 €
Freizeit	65,00 €	Sonstige	24,00 €

Das Ergebnis vom Januar ist erschreckend. Sie hat viel mehr Geld ausgegeben, als ihr zur Verfügung steht. In der Spalte Überschuss steht ein Minusbetrag von 170,60 €. Hoffentlich sieht der Februar besser aus und sie kann ihr Konto etwas ausgleichen.

- Sie wechselt in das Tabellenblatt **Februar**, um dort die fehlenden Beträge einzugeben und wiederholt den gleichen Vorgang für den Monat März.

	Februar	März
Nebeneinkünfte	195,00 €	195,00 €
Telefon	53,70 €	47,80 €
Lebensmittel	140,40 €	160,00 €
Freizeit	65,40 €	55,90 €
Benzin	70,50 €	60,00 €
Zeitschriften/Bücher	13,00 €	15,00 €
Kleidung	87,00 €	60,00 €
Sonstiges	16,00 €	15,00 €

24.8 Tabellenblätter verknüpfen

Christina überlegt, dass es sinnvoll wäre, eine weitere Tabelle anzulegen.
Diese Tabelle soll ihr auf einen Blick Auskunft geben über die monatlichen
→ Einnahmen, → Ausgaben, → Gewinn oder Verlust.

- Christina klickt in das Tabellenblatt **Bilanz** und gibt die Überschrift **Jahresübersicht** ein.
- In die 3. Zeile schreibt sie die Spaltenüberschriften ***Monat, Einnahmen, Ausgaben, Gewinn/ Verlust***.
- Mithilfe der **AutoAusfüll-Funktion** ergänzt Christina die Tabelle mit den **Monaten**.
- Sie **formatiert** die Tabelle auch mit dem Währungszeichen EURO und legt fest, dass Minusbeträge in Rot angezeigt werden.

Wie greift Excel auf Werte anderer Tabellenblätter zu und aktualisiert selbstständig die Einnahmen, Ausgaben, den Gewinn/Verlust?

Frau Jung hat ihr das Geheimnis verraten. Damit Excel auf die richtigen Werte zugreifen kann, müssen Zellbezüge **dreidimensional** angegeben werden.

Zu den **beiden Dimensionen** **Spalte** und **Zeile** kommt die **dritte Dimension** **Tabellenblatt** hinzu.

Quellentabellen **Januar, Februar, März** → **Zieltabelle** - **Bilanz**

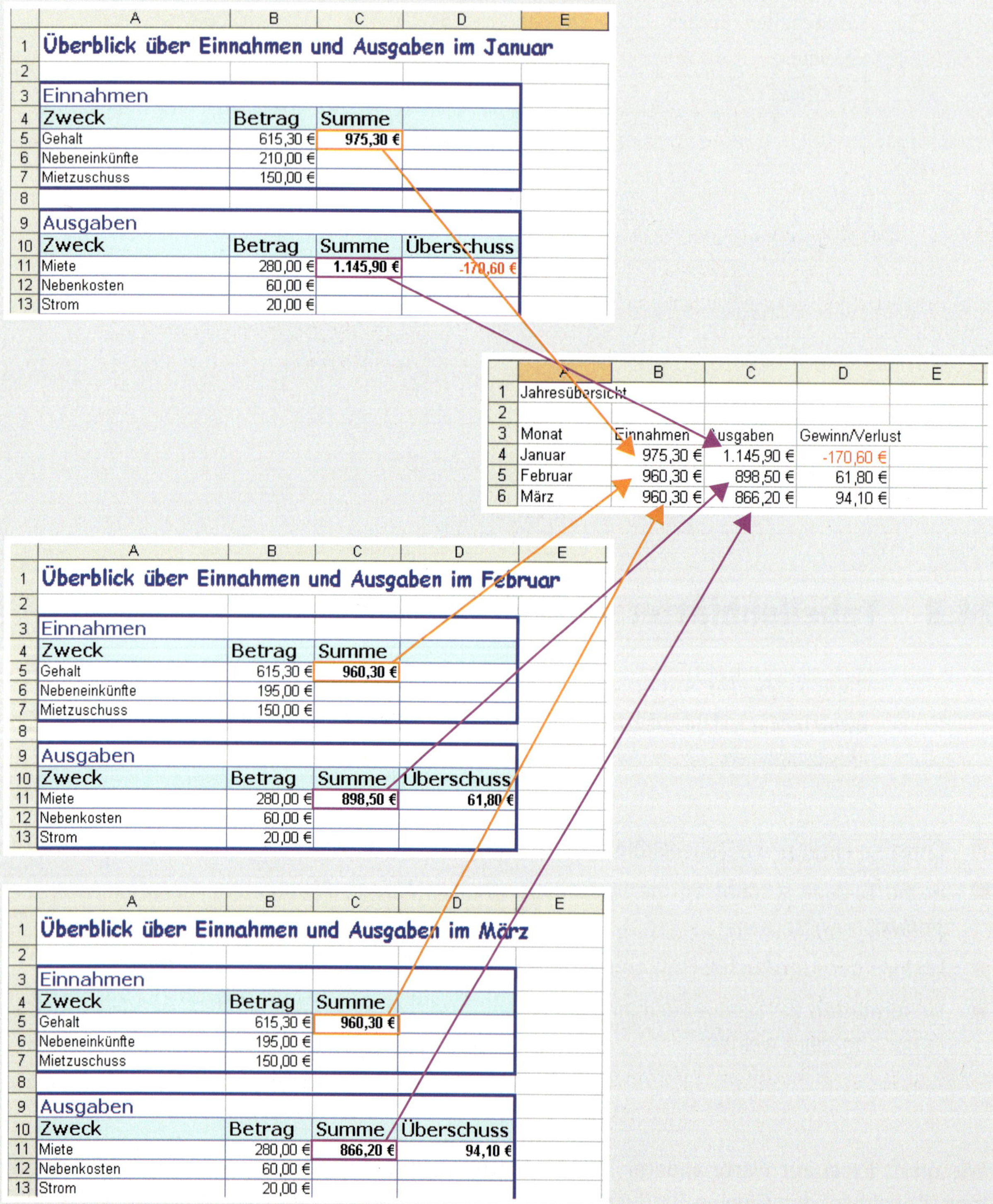

Die Zellwerte Einnahmen, Ausgaben und Überschuss der Tabellenblätter Januar bis Dezember sollen in die Zellen Einnahmen, Ausgaben, Gewinn/Verlust des Tabellenblattes Bilanz dynamisch verknüpft werden.

Durch die dynamische Verknüpfung wird erreicht, dass beim Ändern der Werte in der Quelltabelle auch die Werte in der Zieltabelle aktualisiert werden.

- Christina aktiviert im Tabellenblatt Bilanz die Zelle **B4** und verweist mit der Formel: =Januar!C5 auf das Tabellenblatt **Januar** und die Zelle mit der Summe.

Frau Jung hat Christina darauf aufmerksam gemacht, dass hinter dem Namen des Tabellenblattes auf das Bezug genommen wird, ein Ausrufezeichen zu setzen ist. Dadurch wird die dritte Dimension des Zellbezuges genannt.

- Sie schließt die Eingabe mit **Return** ab und sieht, dass Excel sich die Summe aus dem Tabellenblatt Januar geholt hat.
- In der Zelle mit den Ausgaben ergänzt sie die Formel: =Januar!C11
- Bei Gewinn/Verlust schreibt sie die Formel: =Januar!D11

B4 =Januar!C5

	A	B	C	D	E
1	Jahresübersicht				
2					
3	Monat	Einnahmen	Ausgaben	Gewinn/Verlust	
4	Januar	975,30 €			
5	Februar				
6	März				
7	April				
8	Mai				
9	Juni				
10	Juli				
11	August				
12	September				
13	Oktober				
14	November				
15	Dezember				

! ***Eine Formel mit Verweisen auf ein bestimmtes Tabellenblatt, kann nicht kopiert werden; denn Excel ändert diese nicht. Die Formel muss daher manuell in jede Zelle geschrieben werden.***

- Christina ergänzt die Monate **Februar bis Dezember** in gleicher Weise mit den *jeweiligen Monatsnamen.*
- Christina stellt fest, dass die bis jetzt vorhandenen Werte aus den monatlichen Tabellenblättern in die Zellen der Tabelle **Bilanz** übernommen wurden.
- Zur besseren Übersicht rahmt und schattiert sie die Tabelle übersichtlich.

	A	B	C	D
1		**Jahresübersicht**		
2				
3	**Monat**	**Einnahmen**	**Ausgaben**	**Gewinn/Verlust**
4	Januar	975,30 €	1.145,90 €	-170,60 €
5	Februar	960,30 €	898,50 €	61,80 €
6	März	960,30 €	866,20 €	94,10 €
7	April	765,30 €	452,50 €	312,80 €
8	Mai	765,30 €	452,50 €	312,80 €
9	Juni	765,30 €	452,50 €	312,80 €
10	Juli	765,30 €	452,50 €	312,80 €
11	August	765,30 €	452,50 €	312,80 €
12	September	765,30 €	452,50 €	312,80 €
13	Oktober	765,30 €	452,50 €	312,80 €
14	November	765,30 €	452,50 €	312,80 €
15	Dezember	765,30 €	452,50 €	312,80 €

- In dem Tabellenblatt **Bilanz** möchte Christina auf einen Blick erkennen, wie viel sie auf dem Konto (nicht) hat. Sie fügt noch eine **Spalte** mit der Überschrift **Kontostand** ein.
- Sie ergänzt die Formel in der Spalte und weist auch hier den Minusbeträgen die Formatierung in der Farbe **Rot** zu.

I27

	A	B	C	D	E	F
1	**Jahresübersicht**					
2						
3	Monat	Einnahmen	Ausgaben	Gewinn/Verlust	Kontostand	
4	Januar	975,30 €	1.145,90 €	-170,60 €	-170,60 €	
5	Februar	960,30 €	898,50 €	61,80 €	-108,80 €	
6	März	960,30 €	866,20 €	94,10 €	-14,70 €	
7	April	765,30 €	452,50 €	312,80 €	298,10 €	
8	Mai	765,30 €	452,50 €	312,80 €	610,90 €	
9	Juni	765,30 €	452,50 €	312,80 €	923,70 €	
10	Juli	765,30 €	452,50 €	312,80 €	1.236,50 €	
11	August	765,30 €	452,50 €	312,80 €	1.549,30 €	
12	September	765,30 €	452,50 €	312,80 €	1.862,10 €	
13	Oktober	765,30 €	452,50 €	312,80 €	2.174,90 €	
14	November	765,30 €	452,50 €	312,80 €	2.487,70 €	
15	Dezember	765,30 €	452,50 €	312,80 €	2.800,50 €	

Jetzt hat Christina einen sehr guten Überblick über ihre Finanzen. Sie weiß genau, wo ihr Geld am Ende des Monats geblieben ist. Die Jahresübersicht gibt ihr Auskunft über die Einnahmen und Ausgaben sowie den derzeitigen Kontostand.

24.9 Rechnen mit Zeitwerten

Christina will sich in einer weiteren Tabelle einen guten Überblick über ihre Arbeitszeit und ihren Verdienst verschaffen. Die Tabelle soll ihr Auskunft geben:

- → **an welchen Tagen sie gearbeitet hat,**
- → **wie viele Stunden und**
- → **was sie dabei verdient hat.**

In der letzten Arbeitssitzung hat Frau Jung Christina erklärt, wie Excel mit Datum und Uhrzeit rechnet. Dabei hat sie erfahren, dass Zeitangaben, die mit Doppelpunkt eingegeben werden, von Excel als Uhrzeit erkannt werden. Excel speichert diese Zeitwerte automatisch als serielle Zahlen im Hintergrund.

- Christina fügt in die Arbeitsmappe **Ein- und Ausgaben** ein neues Tabellenblatt ein und bezeichnet es mit **Zusatzeinnahmen**.
- Dem Tabellenblatt weist sie die ***Schriftart*** **Verdana** und den ***Schriftgrad*** **12** zu.
- In die erste Zeile schreibt sie die Überschrift **Nebeneinkünfte** und formatiert diese im ***Schriftgrad*** **16**, in der ***Schriftart*** **Comic Sans MS**, im ***Schriftschnitt*** **fett** und in der ***Farbe*** **Meeresgrün**.

PC468968

- Sie lässt zur besseren Übersicht eine Zeile frei und schreibt die Spaltenüberschriften: **Tag, Datum, Beginn, Ende, Stunde, Zeit, Betrag, Summe.**

- Sie formatiert diese **fett** und **schattiert** sie passend zur Überschrift.

- Sie ermittelt für die Monate Januar bis März die **Tage**, an denen sie gearbeitet hat und trägt sie in der Spalte **Tag** ein.

- In den Spalten **Beginn** und **Ende** trägt sie ihre Arbeitszeit ein.

	A	B	C	D	E	F
1	Nebeneinkünfte					
2						
3	**Tag**	**Datum**	**Beginn**	**Ende**	**Stunde**	**Zeit**
4	Samstag	05.01.	10:00	16:00		
5	Mittwoch	09.01.	18:30	20:30		
6	Samstag	12.01.	10:00	16:00		
7	Samstag	20.01.	10:00	16:00		
8	Mittwoch	25.01.	18:30	20:30		
9	Samstag	27.01.	10:00	16:00		
10						
11	Samstag	02.02.	10:00	16:00		
12	Samstag	09.02.	10:00	16:00		
13	Mittwoch	13.02.	18:30	20:30		
14	Samstag	16.02.	10:00	16:00		
15	Samstag	23.02.	10:00	16:00		
16						
17	Samstag	02.03.	10:00	16:00		
18	Samstag	09.03.	10:00	16:00		
19	Mittwoch	16.03.	18:30	20:30		
20	Samstag	23.03.	10:00	16:00		
21	Samstag	30.03.	10:00	16:00		

- Die Stunden errechnet sie mithilfe von Excel. Sie klickt in die Zelle **E4** und ermittelt die Stunden.

- Die ermittelte Formel kopiert sie in die gesamte Spalte.

	A	B	C	D	E	F
1	Nebeneinkünfte					
2						
3	**Tag**	**Datum**	**Beginn**	**Ende**	**Stunde**	**Zeit**
4	Samstag	05.01.	10:00	16:00	06:00	
5	Mittwoch	09.01.	18:30	20:30		
6	Samstag	12.01.	10:00	16:00		
7	Samstag	20.01.	10:00	16:00		
8	Mittwoch	25.01.	18:30	20:30		
9	Samstag	27.01.	10:00	16:00		

- Um den dezimalen Zeitwert der Arbeitszeit zu erhalten, aktiviert sie die Zelle **F4** und gibt die Formel =E4*24 ein.

Excel gibt aus der Subtraktion von Zeiten als Ergebnis wiederum eine Zeit aus, mit der Christina nichts anfangen kann. Aus dem Gespräch mit Frau Jung weiß Christina, dass sie dieses Zeitformat in eine Dezimalzahl umwandeln muss.

F4 | fx =E4*24

	A	B	C	D	E	F	G	H	I	J
1	Nebeneinkünfte									
2										
3	**Tag**	**Datum**	**Beginn**	**Ende**	**Stunde**	**Zeit**	**Betrag**	**Summe**		
4	Samstag	05.01.	10:00	16:00	06:00	00:00				
5	Mittwoch	09.01.	18:30	20:30	02:00					
6	Samstag	12.01.	10:00	16:00	06:00					
7	Samstag	20.01.	10:00	16:00	06:00					
8	Mittwoch	25.01.	18:30	20:30	02:00					
9	Samstag	27.01.	10:00	16:00	06:00					
10										

- Sie aktiviert wieder die Zelle **F4** und öffnet das Dialogfenster **Zellen formatieren**.

- In der Registerkarte **Zahlen** klickt sie bei Kategorie auf **Zahl**.
- Auf der rechten Seite der Registerkarte kontrolliert sie, ob die **Dezimalstellen** auf **2** stehen und bestätigt mit OK.

F4 | fx =E4*24

	A	B	C	D	E	F	G	H	I
1	Nebeneinkünfte								
2									
3	Tag	Datum	Beginn	Ende	Stunde	Zeit	Betrag	Summe	
4	Samstag	05.01.	10:00	16:00	06:00	6,00			
5	Mittwoch	09.01.	18:30	20:30	02:00				
6	Samstag	12.01.	10:00	16:00	06:00				
7	Samstag	20.01.	10:00	16:00	06:00				
8	Mittwoch	25.01.	18:30	20:30	02:00				
9	Samstag	27.01.	10:00	16:00	06:00				

- Christina kopiert die Formel in die darunter liegenden Zellen.

Nun will sie in der Spalte **Betrag** ausrechnen, was sie an den Arbeitstagen verdient hat.

- Sie aktiviert die Zelle G4 und ermittelt mithilfe einer Formel den **Verdienst**. Ihr Stundenlohn beträgt **7,50 €**. Die Spalte Betrag **formatiert** sie im Währungsformat EURO.
- Die Formel **kopiert** Christina in die darunter liegenden Zellen der Spalte.

G4 | fx =F4*7,5

	A	B	C	D	E	F	G	H	I
1	Nebeneinkünfte								
2									
3	Tag	Datum	Beginn	Ende	Stunde	Zeit	Betrag	Summe	
4	Samstag	05.01.	10:00	16:00	06:00	6,00	45,00 €		
5	Mittwoch	09.01.	18:30	20:30	02:00	2,00			
6	Samstag	12.01.	10:00	16:00	06:00	6,00			
7	Samstag	20.01.	10:00	16:00	06:00	6,00			
8	Mittwoch	25.01.	18:30	20:30	02:00	2,00			
9	Samstag	27.01.	10:00	16:00	06:00	6,00			

Jetzt benötigt Christina nur noch die Summen pro Monat und am Ende des Jahres die Gesamtsumme ihrer Nebeneinkünfte.

H31 | fx

	A	B	C	D	E	F	G	H
1	Nebeneinkünfte							
2								
3	Tag	Datum	Beginn	Ende	Stunde	Zeit	Betrag	Summe
4	Samstag	05.01.	10:00	16:00	06:00	6,00	45,00 €	
5	Mittwoch	09.01.	18:30	20:30	02:00	2,00	15,00 €	
6	Samstag	12.01.	10:00	16:00	06:00	6,00	45,00 €	
7	Samstag	20.01.	10:00	16:00	06:00	6,00	45,00 €	
8	Mittwoch	25.01.	18:30	20:30	02:00	2,00	15,00 €	
9	Samstag	27.01.	10:00	16:00	06:00	6,00	45,00 €	210,00 €
10								
11	Samstag	02.02.	10:00	16:00	06:00	6,00	45,00 €	
12	Samstag	09.02.	10:00	16:00	06:00	6,00	45,00 €	
13	Mittwoch	13.02.	18:30	20:30	02:00	2,00	15,00 €	
14	Samstag	16.02.	10:00	16:00	06:00	6,00	45,00 €	
15	Samstag	23.02.	10:00	16:00	06:00	6,00	45,00 €	195,00 €
16								
17	Samstag	02.03.	10:00	16:00	06:00	6,00	45,00 €	
18	Samstag	09.03.	10:00	16:00	06:00	6,00	45,00 €	
19	Mittwoch	16.03.	18:30	20:30	02:00	2,00	15,00 €	
20	Samstag	23.03.	10:00	16:00	06:00	6,00	45,00 €	
21	Samstag	30.03.	10:00	16:00	06:00	6,00	45,00 €	195,00 €

Christina nimmt sich vor auch diese Tabelle sorgfältig zu pflegen und die Daten über ihre Nebenbeschäftigung genau festzuhalten.

25 Diagramm

Im Gespräch mit Frau Jung hat Christina einiges über Diagramme erfahren, z. B. dass

a) Zahlen in einer Tabelle oft wenig aussagekräftig sind.
b) es oft sinnvoller ist, das Zahlenmaterial mithilfe von Diagrammen ansprechend und übersichtlich darzustellen.
c) Diagramme den Vergleich von Werten erleichtern.
d) Excel zur Aufbereitung von statistischem Zahlenmaterial ein umfangreiches und vielseitiges Diagramm-Modul zur Verfügung stellt.
e) die Aufbereitung des Zahlenmaterials mithilfe des Assistenten einfach durchgeführt werden kann.
f) bei der Auswahl des Diagrammtyps darauf geachtet werden soll, dass das Zahlenmaterial passend dargestellt wird.
g) Diagramme sich zusammen mit den Daten als eingebettetes Diagramm oder als eigenständiges Diagrammblatt auf einer separaten Seite darstellen lassen.
h) Excel genau wissen muss, welche Daten das Diagramm enthalten soll.

Frau Jung erläutert, dass es wichtig ist, den Bereich der Tabelle zu markieren, der in dem Diagramm repräsentiert werden soll. Die Bereichsmarkierung soll dabei die Zellen mit den Zeilen- und Spaltenüberschriften enthalten, damit diese als Achsenbeschriftung und/oder Legende verwendet werden können.

Frau Jung erklärt Christina, dass die Achsen eines Diagramms die senkrechten (y-Achse) und waagrechten (x-Achse) Begrenzungen sind, die Beschriftungen enthalten, die kurz und informativ ausdrücken, was sie bedeuten.

Christina will die Zahlen ihres Haushaltsbuches optisch aufbereiten und grafisch darstellen.

Christina probiert erst eine einfache Darstellung ihres Zahlenmaterials aus.

- Sie öffnet ihre Arbeitsmappe **Finanzen** und klickt auf das Tabellenblatt **Bilanz**.
- Sie markiert den **Datenbereich** - die **Spaltenüberschriften** und die Monate **Januar bis März** sowie das **Zahlenmaterial** und drückt die Taste **F11**.

	A	B	C	D	E
1	Jahresübersicht				
2					
3	Monat	Einnahmen	Ausgaben	Gewinn/Verlust	Kontostand
4	Januar	975,30 €	1.145,90 €	-170,60 €	-170,60 €
5	Februar	960,30 €	898,50 €	61,80 €	-108,80 €
6	März	960,30 €	866,20 €	94,10 €	-14,70 €
7	April	765,30 €	452,50 €	312,80 €	298,10 €

- Sofort wird das Zahlenmaterial in einem Säulendiagramm **und** in einem separaten Tabellenblatt dargestellt.
  Das Tabellenblatt trägt die Bezeichnung **Diagramm1**.

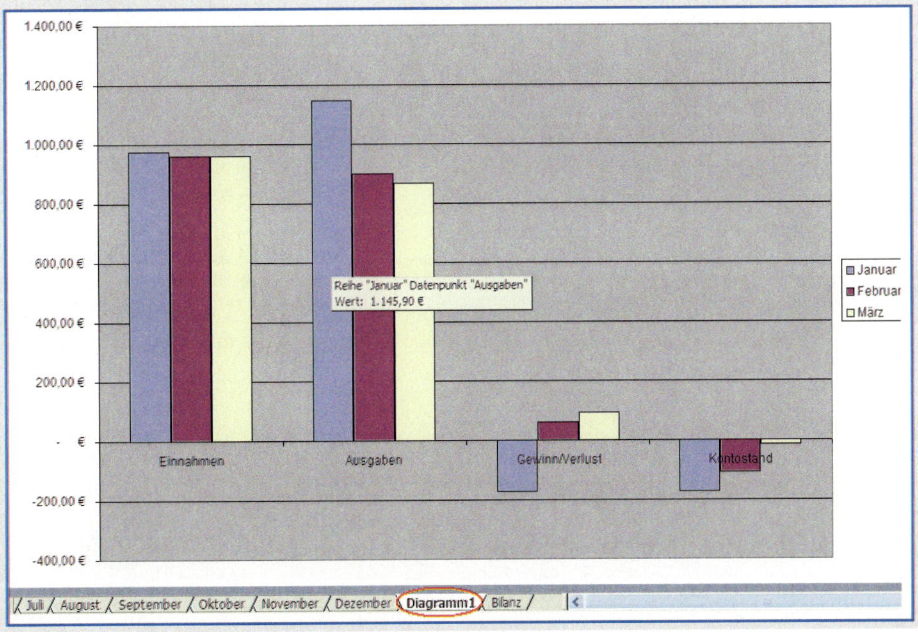

- Sobald Christina mit dem Mauszeiger auf eine Säule zeigt, wird in einer Quickinfo erläutert, um welches Zahlenmaterial es sich bei der Darstellung handelt.
- Christina **druckt** das Diagramm auf einer Seite aus. Sie will es zu Hause gut platziert aufhängen, damit sie ans Sparen erinnert wird. ☺

Christina will sich mit anderen Formen der grafischen Darstellung vertraut machen. Dazu will sie den Diagramm-Assistenten nutzen, der sie in 4 Schritten bei der Erstellung von Diagrammen unterstützt.

- Sie wechselt zurück auf das Tabellenblatt **Bilanz** und öffnet das Menü - EINFÜGEN und wählt das Untermenü **Diagramm aus ...** aus, um den Diagramm-Assistenten zu starten.

  Mit dem Symbol in der Standardsymbolleiste könnte sie den Diagramm-Assistenten ebenfalls starten.

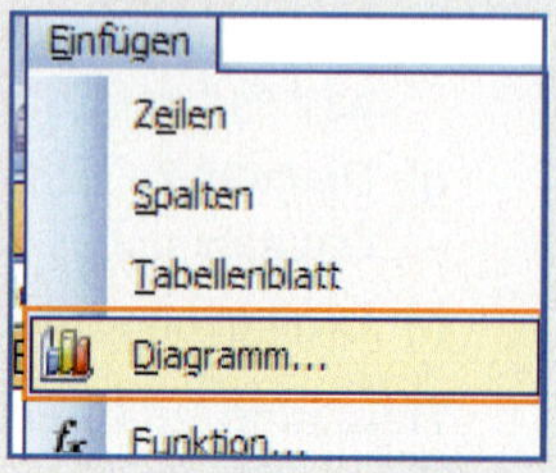

25.1 Diagramm-Assistent

Schritt für Schritt hilft der Diagramm-Assistent bei der Erstellung eines Diagramms. 14 Diagrammtypen und viele weitere Diagrammuntertypen stehen zur Verfügung.

Schritt 1

Im Dialogfenster des **Diagramm-Assistenten** ist die Registerkarte **Standardtypen** im Vordergrund.

Im rechten Teil der Registerkarte - unter **Diagrammtyp,** werden verschiedene Diagramm-Möglichkeiten vorgeschlagen.

Im linken Teil der Registerkarte - bei **Diagrammuntertyp**, stehen weitere Untertypen zur Auswahl.

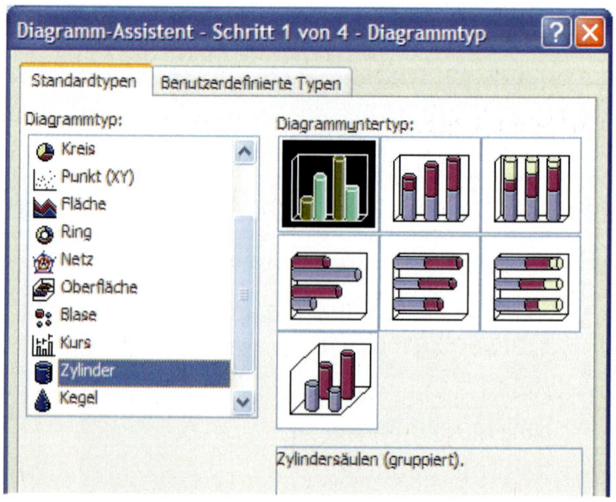

- Christina entscheidet sich bei Diagrammtyp für **Zylinder**. Standardmäßig wird bei Diagrammuntertyp **Zylindersäulen (gruppiert)** vorgeschlagen.
- Den Vorschlag nimmt sie an, bestätigt mit der Befehlsfläche Weiter und gelangt so zu Schritt 2.

Schritt 2

In der Registerkarte **Datenbereich** werden in der Tabelle markierte Daten bereits grafisch dargestellt.

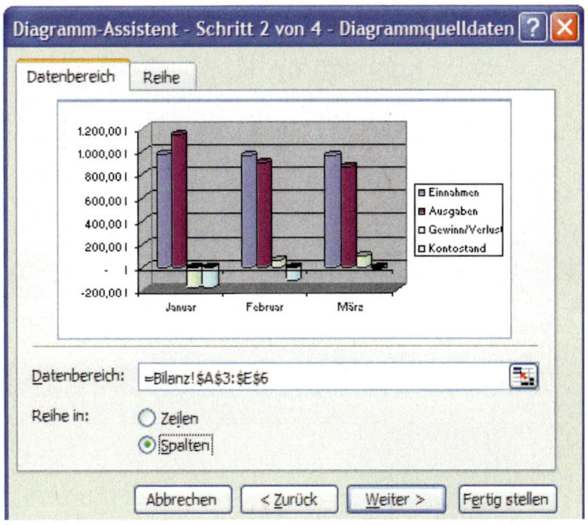

Im Listenfeld für den *Datenbereich* werden ihr die Zellbezüge (Koordinaten) der zuvor markierten Zellen angezeigt. Hier besteht die Möglichkeit, diese noch nachträglich zu verändern.

- Christina entscheidet sich bei *Reihe* in: für die Option **Spalten** und bestätigt mit **Weiter**.

Schritt 3

In diesem Fenster werden mehrere Registerkarten zur weiteren Beschriftung und Gestaltung zur Verfügung gestellt.

- In der Registerkarte Titel **schreibt** Christina als Überschrift **Einnahmen und Ausgaben.**
- In dem Listenfeld für Rubrikenachse ergänzt sie **1. Quartal.** In der Vorschau ist die Anordnung des Titels und der Rubrikenachse sichtbar.
- Mit der Befehlsfläche **Weiter** gelangt Christina zum letzten Schritt.

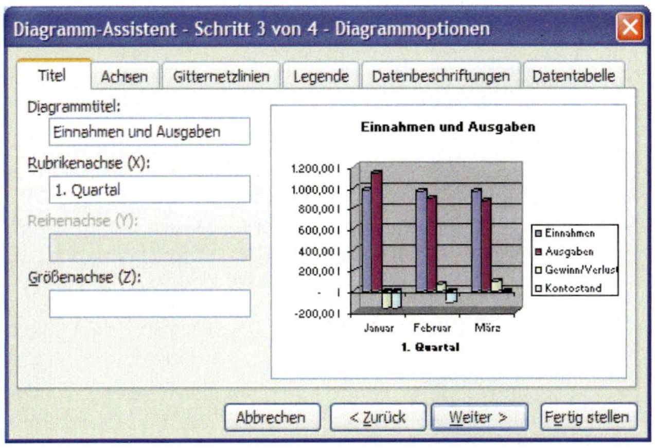

Schritt 4

In diesem Dialogfenster muss Christina sich entscheiden, wo das Diagramm eingebunden werden soll:

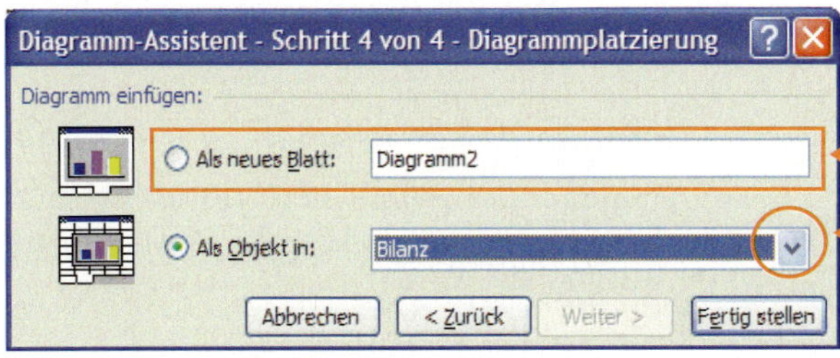

→ als Objekt in einem weiteren Tabellenblatt der Arbeitsmappe (dieses Tabellenblatt würde automatisch die Bezeichnung **Diagramm2** erhalten, da bereits ein Tabellenblatt mit dem Namen Diagramm1 vorhanden ist).
Christina könnte diesen standardmäßigen Tabellenblattnamen selbst festlegen und im Feld Diagramm2 **eintippen.**

→ Als Objekt in das Tabellenblatt **Bilanz** oder durch Auswahl mithilfe des Listenpfeils in jedes andere Tabellenblatt der Arbeitsmappe.

- Christina entscheidet sich für die Option **Als Objekt in: Bilanz** und klickt auf **Fertig stellen**.
- Das Diagramm wird auf dem Tabellenblatt **Bilanz** eingefügt. Dabei sind acht schwarze Eckpunkte sichtbar, an denen Christina das Diagramm vergrößern kann.
- Sie klickt mit der linken Maustaste auf den linken diagonalen Eckpunkt des Diagramms und zieht mit gedrückter Maustaste das Diagramm in die richtige Größe, bis alle Daten gut lesbar sind.

Mit einem Doppelklick auf die einzelnen Diagrammelemente, z. B. Diagrammfläche, Zeichnungsfläche, x- und y-Achse, Hintergrundfläche, könnte Christina diese nachträglich verändern. Dies wäre ihr auch über das Kontextmenü möglich.

- Christina **verschiebt** das Diagramm mit gedrückter Maustaste unter die Tabelle und sieht sich die Gestaltung über die Seitenansicht an.

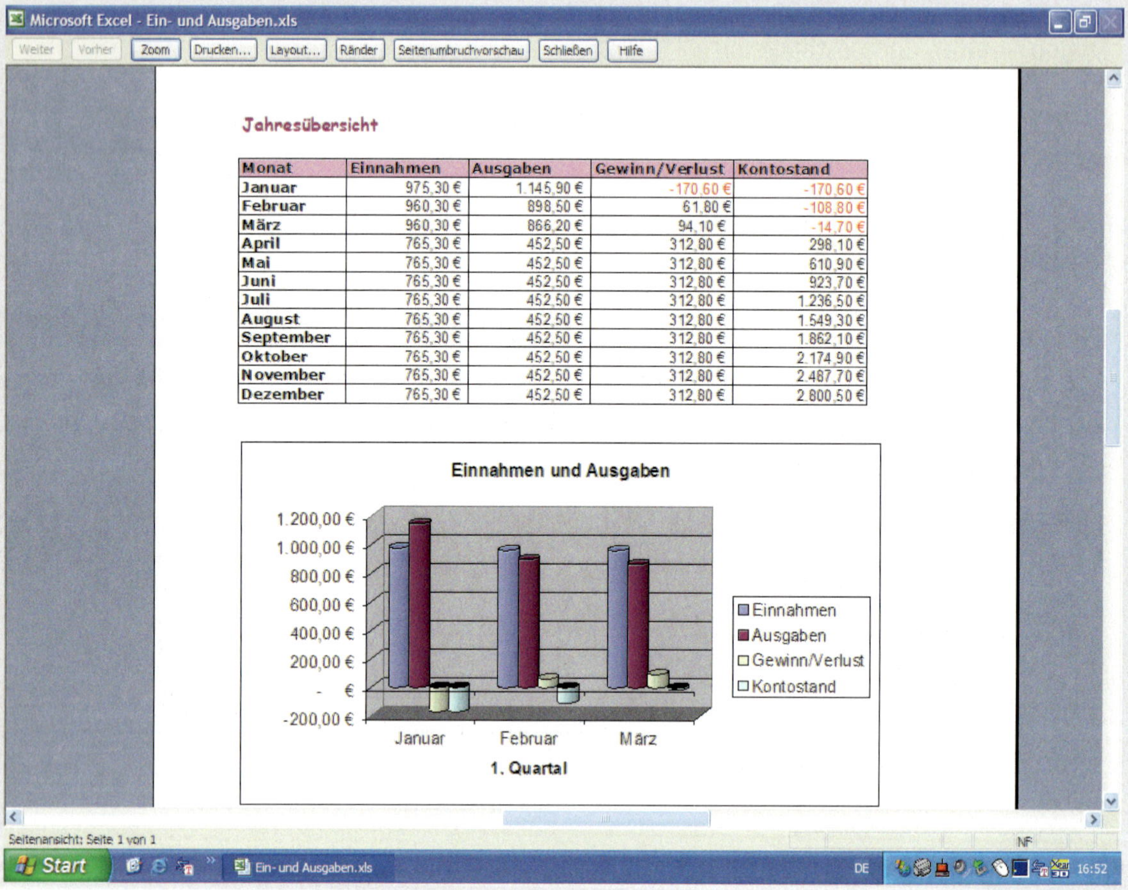

Jahresübersicht

Monat	Einnahmen	Ausgaben	Gewinn/Verlust	Kontostand
Januar	975,30 €	1.145,90 €	-170,60 €	-170,60 €
Februar	960,30 €	898,50 €	61,80 €	-108,80 €
März	960,30 €	866,20 €	94,10 €	-14,70 €
April	765,30 €	452,50 €	312,80 €	298,10 €
Mai	765,30 €	452,50 €	312,80 €	610,90 €
Juni	765,30 €	452,50 €	312,80 €	923,70 €
Juli	765,30 €	452,50 €	312,80 €	1.236,50 €
August	765,30 €	452,50 €	312,80 €	1.549,30 €
September	765,30 €	452,50 €	312,80 €	1.862,10 €
Oktober	765,30 €	452,50 €	312,80 €	2.174,90 €
November	765,30 €	452,50 €	312,80 €	2.487,70 €
Dezember	765,30 €	452,50 €	312,80 €	2.800,50 €

Christina hat es geschafft. Ihr Haushaltsbuch mit einem Diagramm ist vorhanden. Ein riesiges Stück Arbeit liegt hinter ihr. Sie weiß aber auch, dass Excel noch viel mehr bietet, als sie jetzt im Haushaltsbuch anwenden konnte. Sie hofft während ihrer Ausbildung noch viel über Excel zu erfahren.

25.2 Diagramm in neuem Tabellenblatt

Frau Jung ist von Christinas Haushaltsbuch beeindruckt. Sie bittet deshalb Christina, die Umsatzzahlen des letzten Jahres der einzelnen Vertreter grafisch aufzubereiten.

Dabei sollen die Werte der Vertreter dargestellt werden:

- **geordnet nach Bezirken und**
- **auf separaten Tabellenblättern.**

- Christina öffnet die Arbeitsmappe **Umsätze Bezirke** im Ordner **Umsätze** und klickt in das Tabellenblatt **Umsätze einzelner Vertreter.**
- Sie markiert mit gedrückter Strg-Taste die Zellen A2 bis B5 und D2 bis G5 des Bezirks Mitte.

	A	B	C	D	E	F	G	H	I
1	Name	Vorname	Bezirk	1. Quartal	2. Quartal	3. Quartal	4. Quartal	Summe	Summe Bezirk
2	Jung	Verena	Mitte	21.000 €	19.000 €	15.000 €	13.000 €	68.000 €	
3	Knoblich	Mario	Mitte	12.000 €	11.000 €	10.000 €	10.000 €	43.000 €	
4	Krupkat	Helma	Mitte	15.000 €	15.000 €	16.000 €	19.000 €	65.000 €	
5	Liebetrau	Günter	Mitte	15.000 €	15.000 €	12.000 €	25.000 €	67.000 €	243.000 €

Die markierten Zellen enthalten die Namen der Vertreter und Vertreterinnen des Bezirks Mitte sowie deren Umsätze in den vier letzten Quartalen.

- Sie klickt auf den Diagramm-Assistenten.
- Damit die große Datenmenge übersichtlich dargestellt wird, entscheidet sich Christina für den Diagrammtyp **Säule.**
- Sie klickt über die Schaltfläche Weiter zum nächsten Schritt des Assistenten.

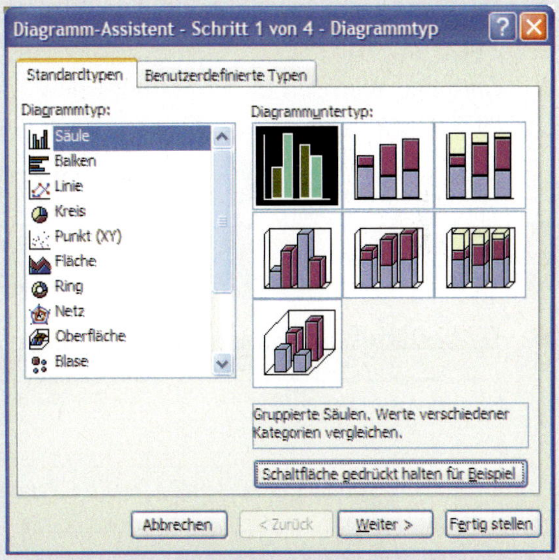

- Die Vorschau im nächsten Fenster zeigt Christina bereits eine übersichtliche Datendarstellung.

  Deshalb kontrolliert sie lediglich die angegebenen Koordinaten, damit sie sicher ist, dass sie alle nötigen Zellen richtig markiert hat.

  Danach wechselt sie in das nächste Assistentenfenster.

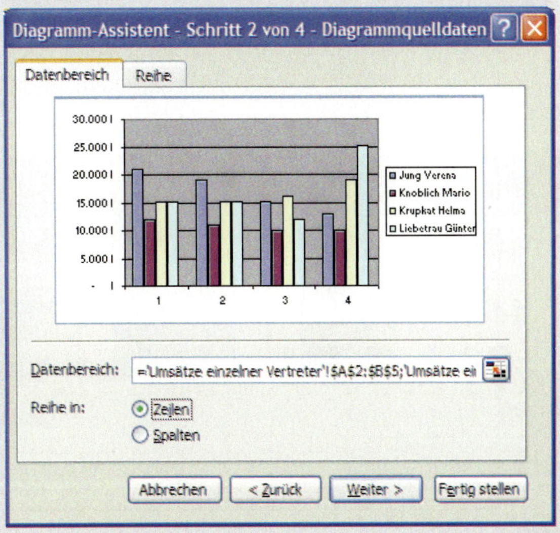

- Christina entscheidet sich für die Überschrift ***Vertreterumsätze*** und schreibt sie in das Eingabefeld für den Diagrammtitel.
- In die Rubrikenachse schreibt sie ***Quartale***, damit die Ziffern 1 bis 4 unter dem Diagramm aussagekräftiger werden.
- Danach ruft sie den letzten Diagrammschritt auf.

  Da die Umsatzzahlen geordnet nach Bezirken auf separaten Tabellenblättern ausgewertet werden sollen, aktiviert Christina mit einem Klick die Schaltfläche **Als neues Blatt**:

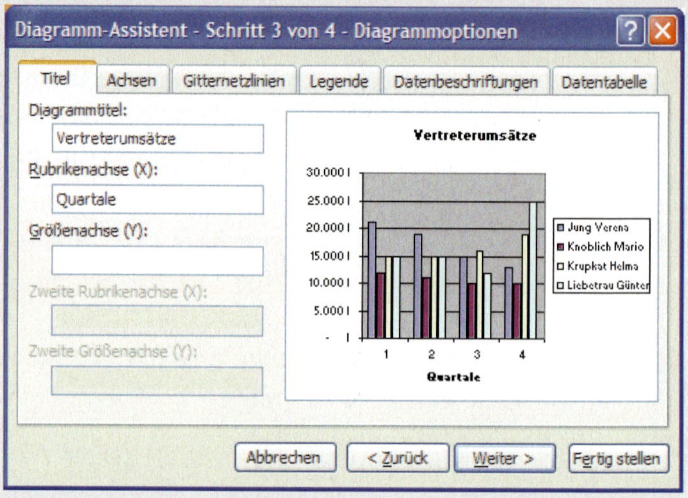

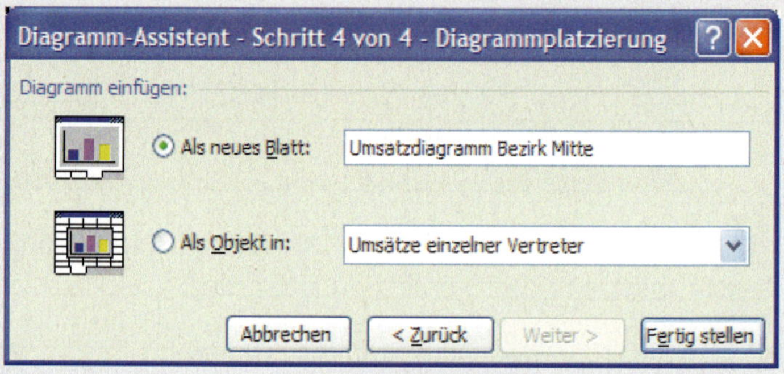

- Das neue Tabellenblatt benennt sie **Umsatzdiagramm Bezirk Mitte.**
- Ein Klick auf die Schaltfläche **Fertig stellen** fügt das Diagramm auf einem neuen Tabellenblatt in die Arbeitsmappe ein.
- Christina wechselt in die Seitenansicht und ergänzt in der benutzerdefinierten Fußzeile im linken Fenster ihren Namen und im mittleren Fenster den Firmennamen. Im rechten Fenster fügt sie über das Symbol **Registerblattnamen** den Tabellenblattnamen ein.

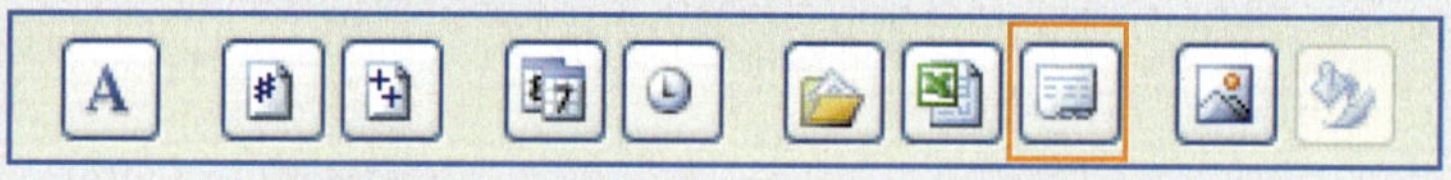

- Sie bestätigt alle Eingaben und speichert das Ergebnis.

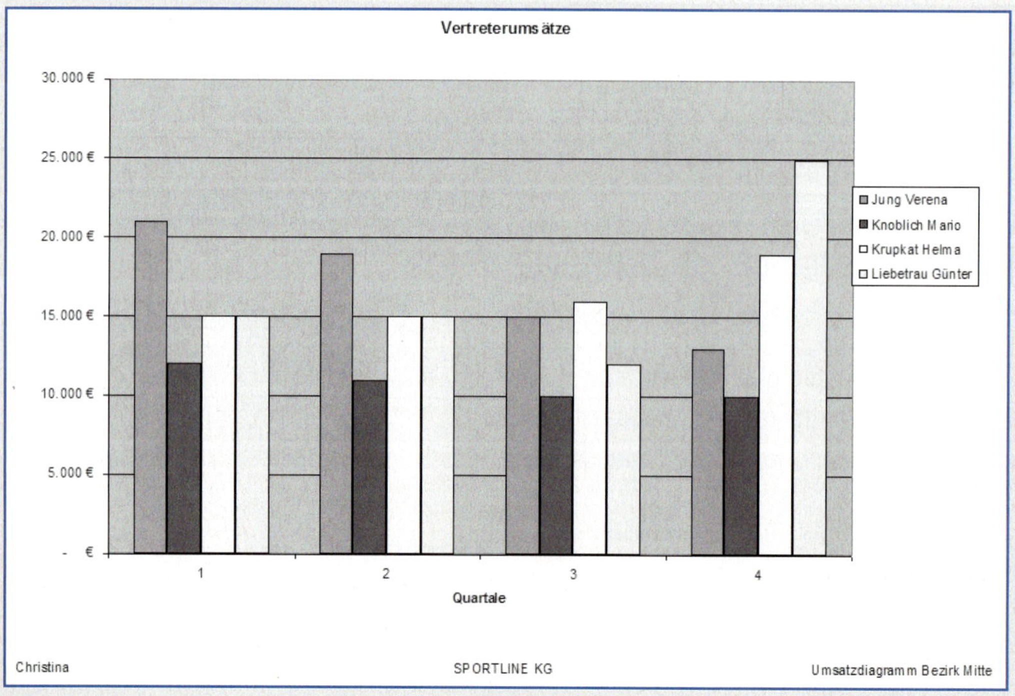

- Auf die gleiche Weise wertet Christina auch die Vertreterumsätze der Bezirke **Nord, Ost, Süd** und **West** aus.

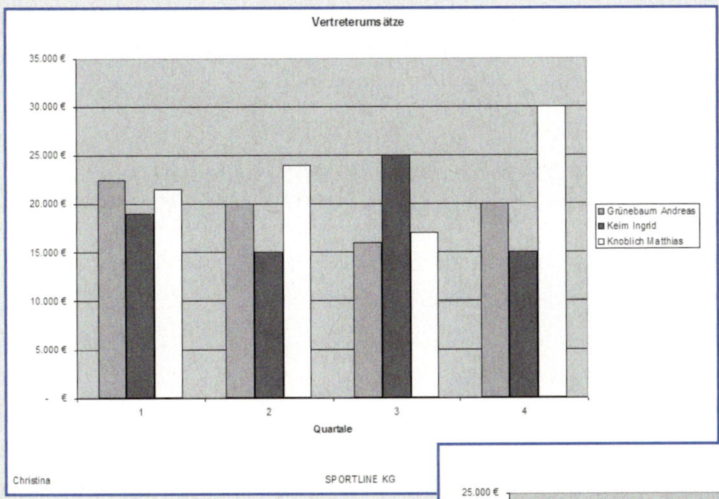

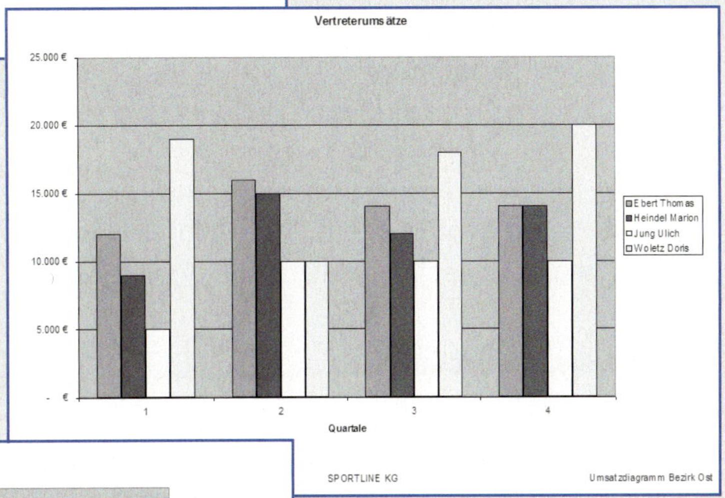

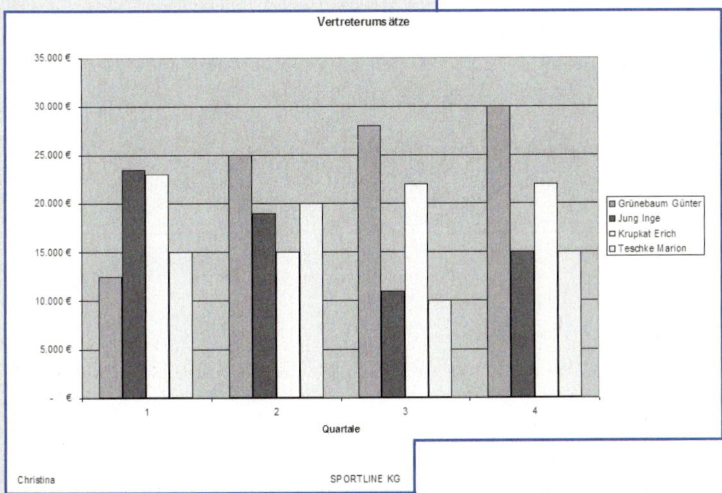

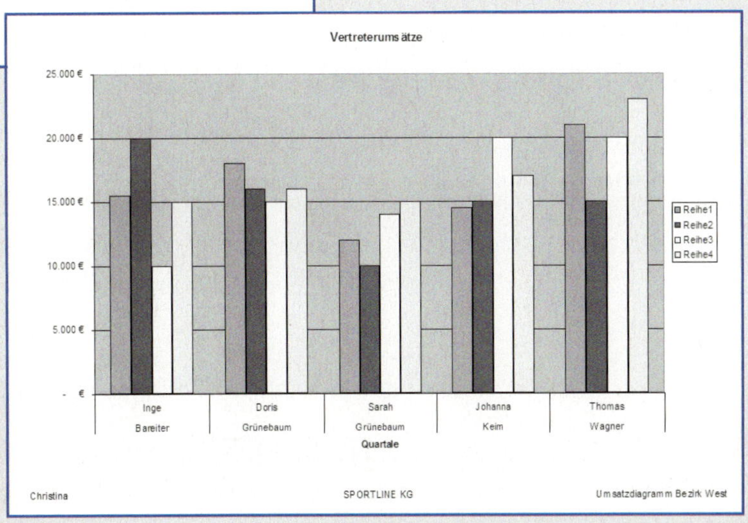

26 Einfache Funktionen

Christina hat ihren Ausbildungsabschnitt im Vertrieb der SPORTLINE KG beendet. An ihre Stelle ist Philipp getreten, der sich bereits im dritten Ausbildungsjahr befindet. Philipp hat bereits gute Kenntnisse in Excel und konnte diese in verschiedenen Ausbildungsabteilungen erfolgreich anwenden.

Herr Schrader weiß, dass Philipp sehr geschickt mit Excel arbeitet und betreut ihn mit der Aufgabe, die Vertreterumsätze statistisch auszuwerten.

1. Er bittet Philipp, für die Regionalen Umsätze der Bezirksleiter folgende Werte zu ermitteln:
   - → Durchschnittlicher Umsatz pro Quartal und im Jahr
   - → Höchster Umsatz pro Quartal und im Jahr
   - → Niedrigster Umsatz pro Quartal und im Jahr
2. Weiter soll er die Umsatzprovision für die jeweiligen Bezirksleiter ermitteln:
   - → Bei einem Durchschnittsumsatz von mehr als 70.000 € beträgt diese Provision 8 % vom Durchschnitt.
   - → Bei einem Durchschnittsumsatz bis zu 70.000 € beträgt diese Provision 5 % vom Durchschnitt.

Philipp freut sich, dass man ihm eine so verantwortungsvolle Aufgabe überträgt und macht sich sofort an den **ersten Arbeitsauftrag.**

- Er öffnet die Arbeitsmappe **Umsätze Bezirke** und klickt auf das Tabellenblatt **Regionale Umsätze**.

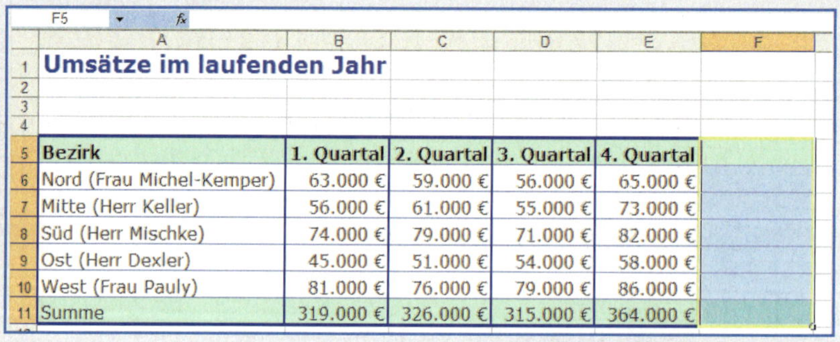

Umsätze im laufenden Jahr

Bezirk	1. Quartal	2. Quartal	3. Quartal	4. Quartal
Nord (Frau Michel-Kemper)	63.000 €	59.000 €	56.000 €	65.000 €
Mitte (Herr Keller)	56.000 €	61.000 €	55.000 €	73.000 €
Süd (Herr Mischke)	74.000 €	79.000 €	71.000 €	82.000 €
Ost (Herr Dexler)	45.000 €	51.000 €	54.000 €	58.000 €
West (Frau Pauly)	81.000 €	76.000 €	79.000 €	86.000 €
Summe	319.000 €	326.000 €	315.000 €	364.000 €

- Philipp markiert die Zellen **F5 : F11** und löscht die Summen mit der **Entf**-Taste.
- Nun klickt er auf den Spaltenkopf **F**, öffnet das Kontextmenü und fügt eine weitere Spalte ein.

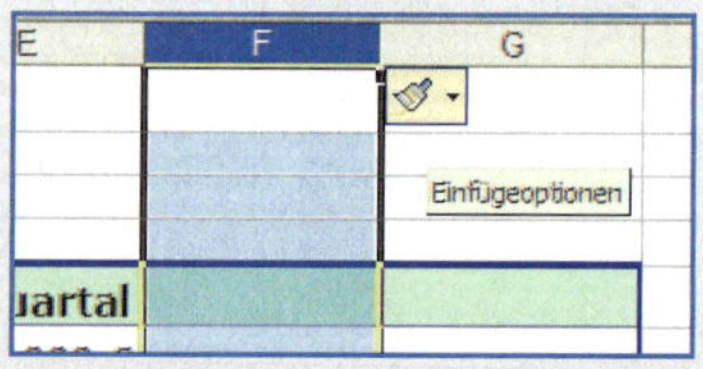

Neben der eingefügten Spalte wird das Symbol **Einfügeoptionen** eingeblendet.

- Philipp klickt auf den Drop-down-Pfeil und wählt die Formatierung **Gleiches Format wie Zelle links.**
- Diesen Vorgang wiederholt er mit dem Shortcut **Strg** + **y**.

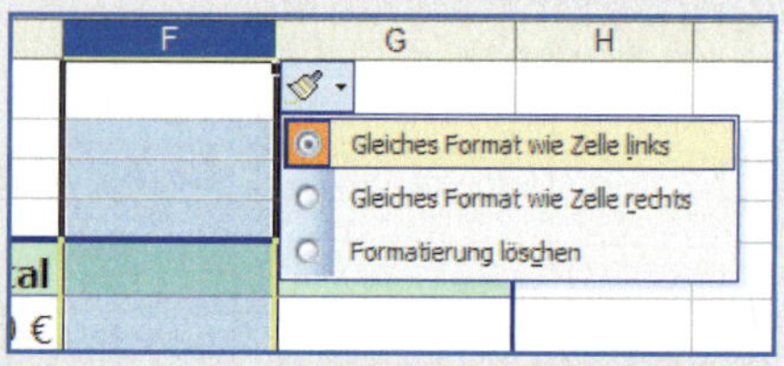

Durch diese Arbeitsweise hat Philipp die notwendigen Spalten mit den bereits vorhandenen Formatierungsmerkmalen ergänzt.

- Philipp gibt den Spalten die Überschriften **Durchschnitt, Höchster Umsatz und Kleinster Umsatz.**
- Mit der Tastenkombination **Alt** + **Return** erzeugt er an der Cursorposition einen Zeilenumbruch.

PC468978

- Die Höhe der Zeile **5** ändert Philipp auf **36**.

	A	B	C	D	E	F	G	H
1	**Umsätze im laufenden Jahr**							
2								
3								
4								
5	**Bezirk**	**1. Quartal**	**2. Quartal**	**3. Quartal**	**4. Quartal**	**Durch-schnitt**	**Höchster Umsatz**	**Kleinster Umsatz**
6	Nord (Frau Michel-Kemper)	63.000 €	59.000 €	56.000 €	65.000 €			
7	Mitte (Herr Keller)	56.000 €	61.000 €	55.000 €	73.000 €			
8	Süd (Herr Mischke)	74.000 €	79.000 €	71.000 €	82.000 €			
9	Ost (Herr Dexler)	45.000 €	51.000 €	54.000 €	58.000 €			
10	West (Frau Pauly)	81.000 €	76.000 €	79.000 €	86.000 €			
11	Summe	319.000 €	326.000 €	315.000 €	364.000 €			

Philipp weiß, dass sich mithilfe von Funktionen viele Berechnungen einfacher und schneller durchführen lassen, wie z. B. die Ermittlung von Durchschnittswerten, Höchstwerten und Minimalwerten. Funktionsnamen bestimmen hierbei, was die Funktion mit den Werten durchführen soll.

26.1 Mittelwert, Minimalwert und Maximalwert

Der Funktionsname Summe veranlasst Excel, markierte Zellen automatisch zu addieren. Der Funktionsname Mittelwert bewirkt, dass die Werte in zuvor markierten Zellen addiert werden. Das Ergebnis wird durch die Anzahl der markierten Zellen dividiert, um den Durchschnitt zu ermitteln.

Häufige Funktionen sind:

Funktion	Ergebnis	Beispiel
Summe	Summe	Summiert die Argumente
Mittelwert	Durchschnitt	Liefert den Mittelwert der Argumente
Min	kleinster Wert	Liefert kleinsten Wert der Argumente
Max	größter Wert	Liefert größten Wert der Argumente

	A	B	C	D	E
1	6000	9000	12000	27000	=SUMME(A1:C1)
2	6000	9000	12000	9000	=MITTELWERT(A2:C2)
3	6000	9000	12000	12000	=MAX(A3:C3)
4	6000	9000	12000	6000	=MIN(A4:C4)

Ergebnisse (Spalte D) — Funktionen (Spalte E)

- Philipp klickt in die Zelle F6 und gibt ein **Ist-Gleich-Zeichen** und den Funktionsnamen **Mittelwert** ein.

- Hinter den Funktionsnamen schlägt er über der Ziffer 8 das Zeichen „Klammer auf" an **(** und markiert die Zellen **B6** **:** **E6** und bestätigt mit **Return**.

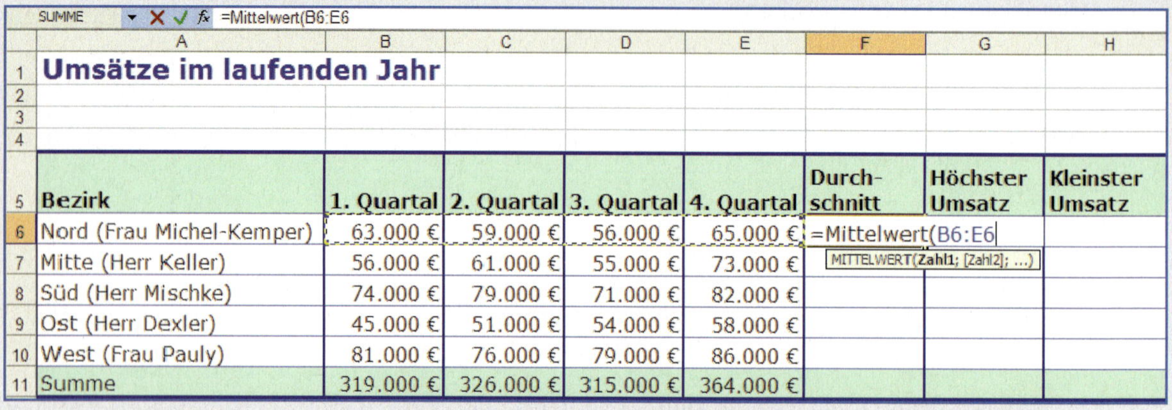
SUMME =Mittelwert(B6:E6

	A	B	C	D	E	F	G	H
1	**Umsätze im laufenden Jahr**							
2								
3								
4								
5	**Bezirk**	**1. Quartal**	**2. Quartal**	**3. Quartal**	**4. Quartal**	**Durch- schnitt**	**Höchster Umsatz**	**Kleinster Umsatz**
6	Nord (Frau Michel-Kemper)	63.000 €	59.000 €	56.000 €	65.000 €	=Mittelwert(B6:E6		
7	Mitte (Herr Keller)	56.000 €	61.000 €	55.000 €	73.000 €	MITTELWERT(Zahl1; [Zahl2]; ...)		
8	Süd (Herr Mischke)	74.000 €	79.000 €	71.000 €	82.000 €			
9	Ost (Herr Dexler)	45.000 €	51.000 €	54.000 €	58.000 €			
10	West (Frau Pauly)	81.000 €	76.000 €	79.000 €	86.000 €			
11	Summe	319.000 €	326.000 €	315.000 €	364.000 €			

Sofort blendet sich die Quickinfo ein und gibt Auskunft über Funktion und Zellenbereich.

Excel ermittelt den Durchschnittswert der vier markierten Zellen und schreibt das Ergebnis in die Zelle **F6**.

Philipp erinnert sich, dass Funktionsnamen nicht immer eingetippt werden müssen. Sie können auch durch einen Klick auf den Drop-down-Pfeil des Symbols **AutoSumme** Σ aufgerufen werden. Hier stehen die wichtigsten Funktionen zur Auswahl.

- Philipp klickt in die Zelle **F7** und öffnet das Drop-down-Menü **AutoSumme** mit den wichtigsten Funktionsnamen.
- Er wählt die Funktion **Mittelwert.**

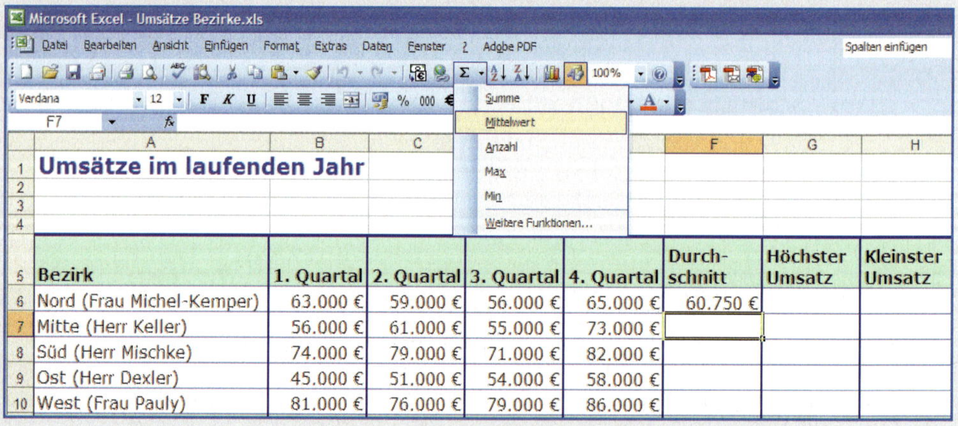

	A	B	C	D	E	F	G	H
1	**Umsätze im laufenden Jahr**							
2								
3								
4								
5	**Bezirk**	**1. Quartal**	**2. Quartal**	**3. Quartal**	**4. Quartal**	**Durch- schnitt**	**Höchster Umsatz**	**Kleinster Umsatz**
6	Nord (Frau Michel-Kemper)	63.000 €	59.000 €	56.000 €	65.000 €	60.750 €		
7	Mitte (Herr Keller)	56.000 €	61.000 €	55.000 €	73.000 €			
8	Süd (Herr Mischke)	74.000 €	79.000 €	71.000 €	82.000 €			
9	Ost (Herr Dexler)	45.000 €	51.000 €	54.000 €	58.000 €			
10	West (Frau Pauly)	81.000 €	76.000 €	79.000 €	86.000 €			

Philipp kontrolliert, ob Excel mit den richtigen Zellen rechnen will und bemerkt, dass die falschen Zellen markiert sind.

- Philipp markiert die richtigen Zellen und bestätigt die Funktion mit **Return**.

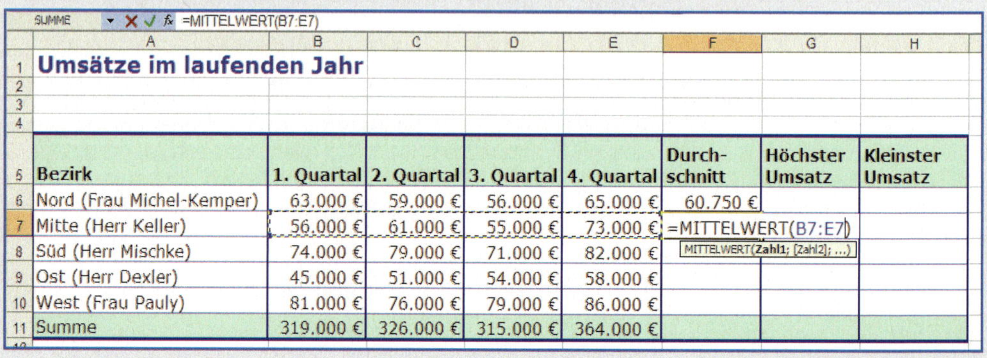
SUMME =MITTELWERT(B7:E7)

	A	B	C	D	E	F	G	H
1	**Umsätze im laufenden Jahr**							
2								
3								
4								
5	**Bezirk**	**1. Quartal**	**2. Quartal**	**3. Quartal**	**4. Quartal**	**Durch- schnitt**	**Höchster Umsatz**	**Kleinster Umsatz**
6	Nord (Frau Michel-Kemper)	63.000 €	59.000 €	56.000 €	65.000 €	60.750 €		
7	Mitte (Herr Keller)	56.000 €	61.000 €	55.000 €	73.000 €	=MITTELWERT(B7:E7)		
8	Süd (Herr Mischke)	74.000 €	79.000 €	71.000 €	82.000 €	MITTELWERT(Zahl1; [Zahl2]; ...)		
9	Ost (Herr Dexler)	45.000 €	51.000 €	54.000 €	58.000 €			
10	West (Frau Pauly)	81.000 €	76.000 €	79.000 €	86.000 €			
11	Summe	319.000 €	326.000 €	315.000 €	364.000 €			

- Mit der Kopierfunktion ermittelt Philipp die Durchschnittswerte der **Bezirke Mitte, Süd, Ost** und **West** in den darunter liegenden Zellen.

	A	B	C	D	E	F	G	H
1	**Umsätze im laufenden Jahr**							
2								
3								
4								
5	**Bezirk**	**1. Quartal**	**2. Quartal**	**3. Quartal**	**4. Quartal**	**Durch-schnitt**	**Höchster Umsatz**	**Kleinster Umsatz**
6	Nord (Frau Michel-Kemper)	63.000 €	59.000 €	56.000 €	65.000 €	60.750 €		
7	Mitte (Herr Keller)	56.000 €	61.000 €	55.000 €	73.000 €	61.250 €		
8	Süd (Herr Mischke)	74.000 €	79.000 €	71.000 €	82.000 €	76.500 €		
9	Ost (Herr Dexler)	45.000 €	51.000 €	54.000 €	58.000 €	52.000 €		
10	West (Frau Pauly)	81.000 €	76.000 €	79.000 €	86.000 €	80.500 €		
11	Summe	319.000 €	326.000 €	315.000 €	364.000 €			

- Um den Höchstumsatz zu ermitteln, klickt Philipp in die Zelle **G6**.

Diesmal will Philipp die Funktion sofort über die Funktionsauswahl des Symbols AutoSumme bestimmen.

- Er klickt auf den Drop-down-Pfeil und wählt den Funktionsnamen **Max**.
- Mit einem Blick auf den markierten Bereich stellt Philipp fest, dass die Zelle mit dem Durchschnittswert ebenfalls markiert wurde. Dies würde zu einem falschen Ergebnis führen.

  Daher markiert er die Zelle **B6** : **E6** und bestätigt mit **Return**.

Excel ermittelt den höchsten Wert der vier markierten Zellen und schreibt das Ergebnis in die Zelle **G6**.

	A	B	C	D	E	F	G	H
1	**Umsätze im laufenden Jahr**							
2								
3								
4								
5	Bezirk	1. Quartal	2. Quartal	3. Quartal	4. Quartal	Durch-schnitt	Höchster Umsatz	Kleinster Umsatz
6	Nord (Frau Michel-Kemper)	63.000 €	59.000 €	56.000 €	65.000 €	60.750 €	65.000 €	
7	Mitte (Herr Keller)	56.000 €	61.000 €	55.000 €	73.000 €	61.250 €	=MAX(B7:F7)	
8	Süd (Herr Mischke)	74.000 €	79.000 €	71.000 €	82.000 €	76.500 €	MAX(**Zahl1**; [Zahl2]; ...)	
9	Ost (Herr Dexler)	45.000 €	51.000 €	54.000 €	58.000 €	52.000 €		
10	West (Frau Pauly)	81.000 €	76.000 €	79.000 €	86.000 €	80.500 €		
11	Summe	319.000 €	326.000 €	315.000 €	364.000 €			

- Die Formel kopiert Philipp abermals in die darunter liegenden Zellen.

- Um den geringsten Umsatz pro Quartal zu ermitteln, verfährt Philipp wie bei den Funktionen Mittelwert und Maximalwert. Diesmal verwendet er aber den Funktionsnamen **Min**.

SUMME =MIN(B6:G6)

	A	B	C	D	E	F	G	H
1	**Umsätze im laufenden Jahr**							
2								
3								
4								
5	**Bezirk**	**1. Quartal**	**2. Quartal**	**3. Quartal**	**4. Quartal**	**Durch-schnitt**	**Höchster Umsatz**	**Kleinster Umsatz**
6	Nord (Frau Michel-Kemper)	63.000 €	59.000 €	56.000 €	65.000 €	60.750 €	65.000 €	=MIN(B6:G6)
7	Mitte (Herr Keller)	56.000 €	61.000 €	55.000 €	73.000 €	61.250 €	73.000 €	MIN(**Zahl1**; [Zahl2];
8	Süd (Herr Mischke)	74.000 €	79.000 €	71.000 €	82.000 €	76.500 €	82.000 €	
9	Ost (Herr Dexler)	45.000 €	51.000 €	54.000 €	58.000 €	52.000 €	58.000 €	
10	West (Frau Pauly)	81.000 €	76.000 €	79.000 €	86.000 €	80.500 €	86.000 €	
11	Summe	319.000 €	326.000 €	315.000 €	364.000 €			

- Erneut muss Philipp die Markierung verändern und bestätigt mit **Return**.

- Die noch fehlenden Werte ergänzt Philipp durch Kopieren der Formel in die darunter liegenden Zellen und speichert das Ergebnis unter dem gleichen Dateinamen.

Umsätze im laufenden Jahr

Bezirk	1. Quartal	2. Quartal	3. Quartal	4. Quartal	Durchschnitt	Höchster Umsatz	Kleinster Umsatz
Nord (Frau Michel-Kemper)	63.000 €	59.000 €	56.000 €	65.000 €	60.750 €	65.000 €	56.000 €
Mitte (Herr Keller)	56.000 €	61.000 €	55.000 €	73.000 €	61.250 €	73.000 €	55.000 €
Süd (Herr Mischke)	74.000 €	79.000 €	71.000 €	82.000 €	76.500 €	82.000 €	71.000 €
Ost (Herr Dexler)	45.000 €	51.000 €	54.000 €	58.000 €	52.000 €	58.000 €	45.000 €
West (Frau Pauly)	81.000 €	76.000 €	79.000 €	86.000 €	80.500 €	86.000 €	76.000 €
Summe	319.000 €	326.000 €	315.000 €	364.000 €			

- Philipp **markiert** die Zeile **11** und entfernt die vorhandenen Zellinhalte.
- Über das Kontextmenü fügt er eine weitere Zeile in die Tabelle ein. Gleichzeitig wird das Symbol **Einfügeoptionen** eingeblendet.
- Mit einem Klick auf den Drop-down-Pfeil wählt er **Gleiches Format wie Zelle unten**. Damit übernimmt Philipp die Formatierungen in die neue Zeile.

Umsätze im laufenden Jahr

Bezirk	1. Quartal	2. Quartal	3. Quartal	4. Quartal	Durchschnitt	Höchster Umsatz	Kleinster Umsatz
Nord (Frau Michel-Kemper)	63.000 €	59.000 €	56.000 €	65.000 €	60.750 €	65.000 €	56.000 €
Mitte (Herr Keller)	56.000 €	61.000 €	55.000 €	73.000 €	61.250 €	73.000 €	55.000 €
Süd (Herr Mischke)	74.000 €	79.000 €	71.000 €	82.000 €	76.500 €	82.000 €	71.000 €
Ost (Herr Dexler)	45.000 €	51.000 €	54.000 €	58.000 €	52.000 €	58.000 €	45.000 €
West (Frau Pauly)	81.000 €	76.000 €	79.000 €	86.000 €	80.500 €	86.000 €	76.000 €

Gleiches Format wie Zelle oben
Gleiches Format wie Zelle unten
Formatierung löschen

- Diesen Vorgang wiederholt er mit dem Shortcut Strg + y.

Durch diese Arbeitsweise hat Philipp die notwendigen Zeilen mit den bereits vorhandenen Formatierungsmerkmalen ergänzt.

- Er vervollständigt die Zeilenbeschriftung mit den Angaben **Durchschnitt, Höchster Umsatz und Kleinster Umsatz** im Schriftschnitt **fett**.

Umsätze im laufenden Jahr

Bezirk	1. Quartal	2. Quartal	3. Quartal	4. Quartal	Durchschnitt	Höchster Umsatz	Kleinster Umsatz
Nord (Frau Michel-Kemper)	63.000 €	59.000 €	56.000 €	65.000 €	60.750 €	65.000 €	56.000 €
Mitte (Herr Keller)	56.000 €	61.000 €	55.000 €	73.000 €	61.250 €	73.000 €	55.000 €
Süd (Herr Mischke)	74.000 €	79.000 €	71.000 €	82.000 €	76.500 €	82.000 €	71.000 €
Ost (Herr Dexler)	45.000 €	51.000 €	54.000 €	58.000 €	52.000 €	58.000 €	45.000 €
West (Frau Pauly)	81.000 €	76.000 €	79.000 €	86.000 €	80.500 €	86.000 €	76.000 €
Durchschnitt							
Höchster Umsatz							
Kleinster Umsatz							

- Die fehlenden Werte ermittelt er mit den bekannten Funktionen.

Umsätze im laufenden Jahr

Bezirk	1. Quartal	2. Quartal	3. Quartal	4. Quartal	Durchschnitt	Höchster Umsatz	Kleinster Umsatz
Nord (Frau Michel-Kemper)	63.000 €	59.000 €	56.000 €	65.000 €	60.750 €	65.000 €	56.000 €
Mitte (Herr Keller)	56.000 €	61.000 €	55.000 €	73.000 €	61.250 €	73.000 €	55.000 €
Süd (Herr Mischke)	74.000 €	79.000 €	71.000 €	82.000 €	76.500 €	82.000 €	71.000 €
Ost (Herr Dexler)	45.000 €	51.000 €	54.000 €	58.000 €	52.000 €	58.000 €	45.000 €
West (Frau Pauly)	81.000 €	76.000 €	79.000 €	86.000 €	80.500 €	86.000 €	76.000 €
Durchschnitt	63.800 €	65.200 €	63.000 €	72.800 €	66.200 €	72.800 €	60.600 €
Höchster Umsatz	81.000 €	79.000 €	79.000 €	86.000 €	80.500 €	86.000 €	76.000 €
Kleinster Umsatz	45.000 €	51.000 €	54.000 €	58.000 €	52.000 €	58.000 €	45.000 €

- Philipp hat den ersten Teil seines Arbeitsauftrages gelöst und **speichert** das Ergebnis.

Für den **zweiten Arbeitsauftrag** ergänzt Philipp die Arbeitsmappe **Umsätze Bezirke** durch ein weiteres Tabellenblatt mit dem Namen **Umsatzprovisionen Bezirksleiter.**

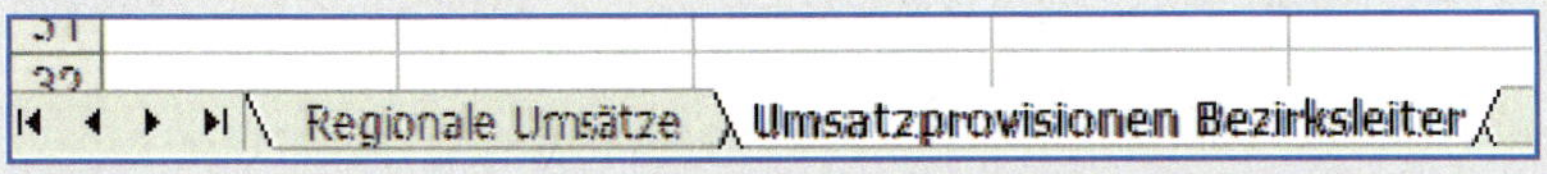

- Philipp klickt auf das Tabellenblatt **Regionale Umsätze** und markiert die Zellen A5 : A10 und **kopiert** die Zellen über das Kontextmenü in die Zwischenablage.

- Er klickt mit der Maus auf das Tabellenblatt **Umsatzprovisionen Bezirksleiter** und fügt die kopierten Zellen über das Kontextmenü ein.

- Philipp **ergänzt** die Tabelle mit den Überschriften, passt die Spaltenbreiten an und überträgt die Formatierungen.

Bezirk	Umsatzdurchschnitt	Umsatzprovision
Nord (Frau Michel-Kemper)		
Mitte (Herr Keller)		
Süd (Herr Mischke)		
Ost (Herr Dexler)		
West (Frau Pauly)		

- Er wechselt auf das Tabellenblatt **Regionale Umsätze, markiert** die Zellen F6 : F10 , die den durchschnittlichen Umsatz enthalten und **kopiert** diese in die Zwischenablage.

- Wieder wechselt er auf das Tabellenblatt **Umsatzprovisionen Bezirksleiter** und klickt in die Zelle B2 .

Da Werte eingefügt werden sollen, die aus einem anderen Tabellenblatt stammen, dürfen diese Werte nicht mit dem Befehl Einfügen, sondern müssen über den Befehl Inhalte einfügen ... eingefügt werden.

- Er öffnet das Menü BEARBEITEN – INHALTE EINFÜGEN.

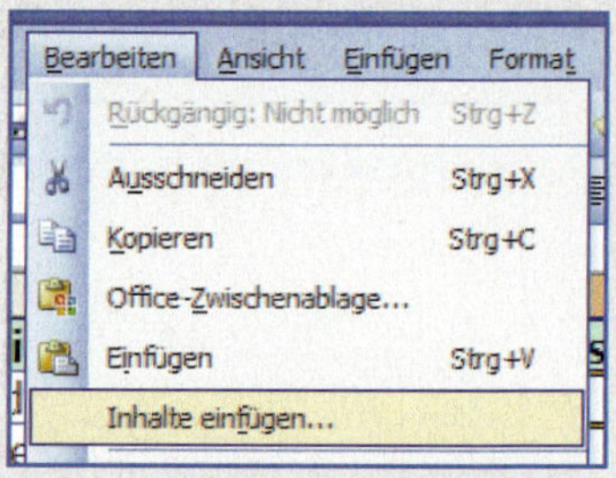

- Im Dialogfenster **Inhalte einfügen** klickt Philipp auf die Schaltfläche **Verknüpfen**.

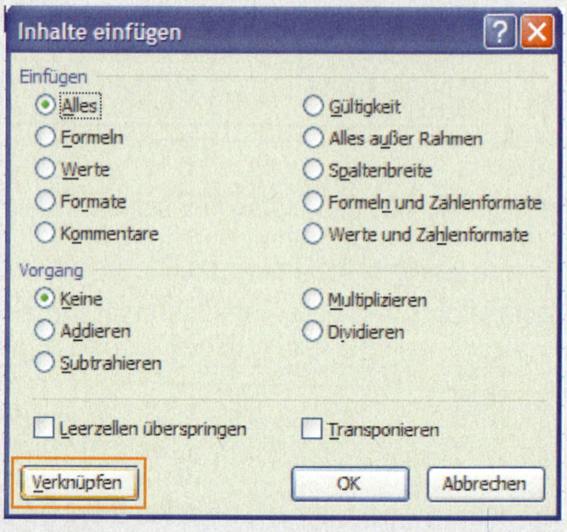

Mit diesem Befehl werden die Werte des Tabellenblattes **Regionale Umsätze** mit den Werten des Tabellenblattes **Umsatzprovisionen Bezirksleiter** verknüpft.

Ändern sich in der Quelltabelle **(Regionale Umsätze)** die Werte, wirken sich diese Änderungen auch in der Zieltabelle **(Umsatzprovisionen Bezirksleiter)** aus.

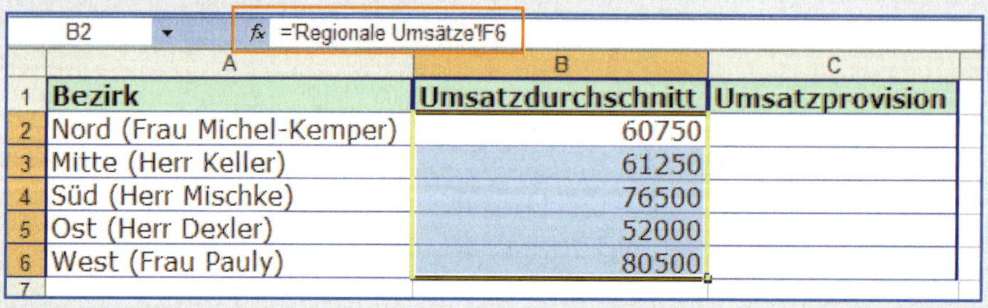

B2 | fx ='Regionale Umsätze'!F6

	A	B	C
1	Bezirk	Umsatzdurchschnitt	Umsatzprovision
2	Nord (Frau Michel-Kemper)	60750	
3	Mitte (Herr Keller)	61250	
4	Süd (Herr Mischke)	76500	
5	Ost (Herr Dexler)	52000	
6	West (Frau Pauly)	80500	
7			

Dass die Werte nicht nur eingefügt, sondern auch mit dem Tabellenblatt **Regionale Umsätze** verknüft wurden, kann Philipp in der Eingabezeile an der dreidimensionalen Zelladresse erkennen.

Anhand der halben **Anführungszeichen** (Apostroph) **und Ausrufezeichen** wird angezeigt, dass der Wert der Zelle B2 mit dem Wert der Zelle F6 des *Tabellenblattes* **Regionale Umsätze** verknüpft ist.

- Zur Kontrolle klickt Philipp in die Zellen B3 : B6 und vergleicht die Anzeige in der Eingabezeile, ob alles verknüpft wurde.
- Zufrieden mit dem weiteren Teilergebnis legt Philipp noch für die Zellen B2 : C6 das Währungsformat EURO fest und **speichert** die Tabelle unter dem gleichen Dateinamen.

26.2 Funktionsassistent

Philipp weiß aus anderen Aufgabenstellungen, dass das Ergebnis einer Berechnung häufig von ganz bestimmten Bedingungen abhängt. Wird diese Bedingung erfüllt, muss eine bestimmte Formel benutzt werden. Wird die Bedingung nicht erfüllt, wird eine alternative Formel eingesetzt. In Excel spricht man dann von einer

Wenn-Dann-Sonst-Bedingung.

Auch im vorliegenden Fall ist die Höhe der Umsatzprovision von bestimmten Bedingungen abhängig. Von Herrn Schrader weiß Philipp:

WENN	der Durchschnittsumsatz mehr als 70.000 € beträgt,
DANN	erhält der Bezirksleiter eine Provision von 8 % vom Durchschnittsumsatz,
SONST	beträgt die Provision 5 % vom Durchschnittsumsatz.

Der Funktionsassistent hilft bei der Auswahl der Funktion und der Bestimmung der richtigen Argumente.

Mithilfe des Funktionsassistenten will Philipp die Umsatzprovision ermitteln.

- Er klickt in die Zelle C2, denn hier soll das Ergebnis der Funktion stehen und aktiviert den Funktionsassistenten mit einem Klick auf das Symbol *fx*.
- Philipp könnte den **Funktions-Assistenten** auch über den Drop-down-Pfeil des Symbols **AutoSumme** und einem Klick auf den Menüpunkt **Weitere Funktionen ...** aufrufen.

Schritt 1

Der Funktionsassistent erscheint mit dem Dialogfenster **Funktion einfügen**.

In der Funktionskategorie stehen 9 Auswahlmöglichkeiten, z. B. ***Finanzmathematik, Statistik, Logik*** usw. und die Auswahl ***Alle, Zuletzt verwendet*** und ***Benutzerdefiniert.***

Die Funktion ***„Zuletzt verwendet"*** zeigt im unteren Fenster **Funktionen auswählen:** die Namen der zuletzt verwendeten Funktionen an.

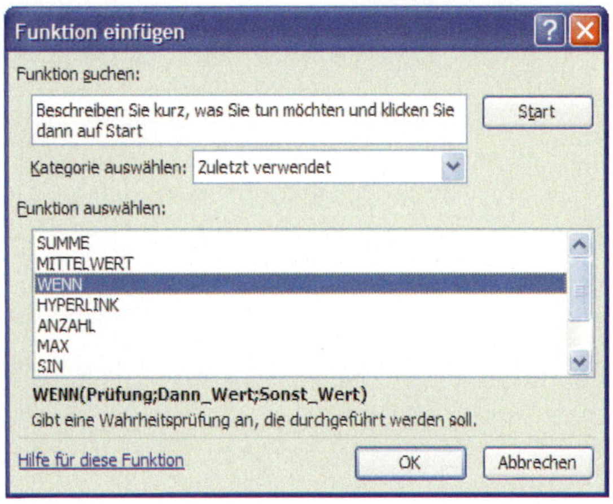

- Philipp stellt mit einem Blick auf die Liste der zuletzt verwendeten Funktionen fest, dass auch die WENN-Funktion angezeigt wird.
- Er klickt auf den Funktionsnamen **WENN** und danach auf **OK**.

Würde die WENN-Funktion nicht in der Liste der zuletzt verwendeten Funktionen angezeigt, müsste die Kategorie Logik aufgerufen werden, da die WENN-Funktion eine logische Funktion ist.

Schritt 2

Das Dialogfenster **Funktionsargumente** des Funktionsassistenten öffnet sich. Dieses graue Fenster kann durch Anklicken und Verschieben mit der Maus so positioniert werden, dass die Exceltabelle im Hintergrund gut sichtbar ist.

- Philipp verschiebt das Fenster in eine Position unterhalb seiner Tabelle, damit er alle Werte gut überblicken kann.

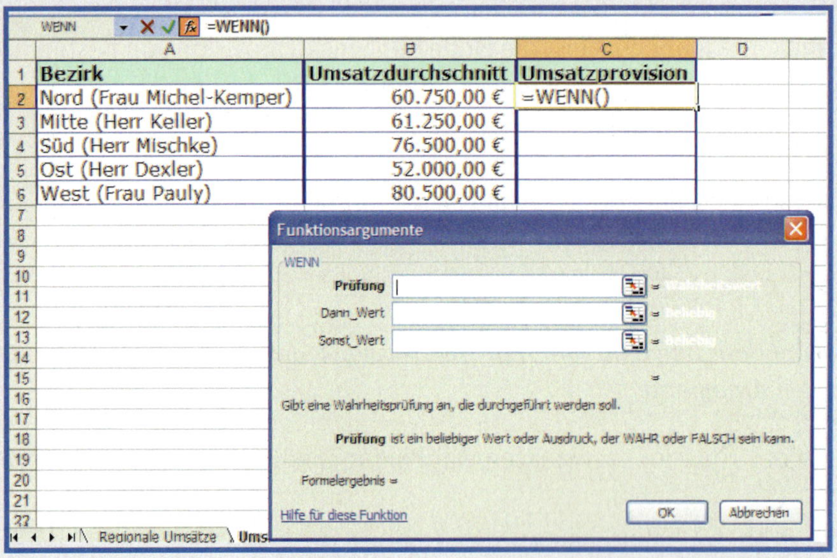

26.3 WENN-Funktion

Philipp ruft sich nochmals die Aussage von Herrn Schrader in Erinnerung. Sie lautete:

WENN	der Durchschnittsumsatz mehr als 70.000 € beträgt,
DANN	erhält der Bezirksleiter eine Provision von 8 % vom Durchschnittsumsatz,
SONST	beträgt die Provision 5 % vom Durchschnittsumsatz.

Philipp versucht nun diese Aussage an die Excel-Tabelle anzupassen und kommt zur nachstehenden Bedingung:

WENN_Prüfung	der Umsatzdurchschnitt der Zelle B2 größer ist als 70000,
DANN_Wert	wird der Umsatzdurchschnitt der Zelle B2 mit 8 % multipliziert,
SONST_Wert	wird der Umsatzdurchschnitt der Zelle B2 mit 5 % multipliziert.

Damit Excel diese Bedingungen umsetzen kann, muss eine bestimmte Schreibweise (Syntax) beachtet werden.

	A	B	C
1	Bezirk	Umsatzdurchschnitt	Umsatzprovision
2	Nord (Frau Michel-Kemper)	60.750,00 €	
3	Mitte (Herr Keller)	61.250,00 €	
4	Süd (Herr Mischke)	76.500,00 €	
5	Ost (Herr Dexler)	52.000,00 €	
6	West (Frau Pauly)	80.500,00 €	

PC468986

26.4 Syntax

Bedingung	Sollen zwei Angaben oder Werte miteinander verglichen werden, sind Vergleichsoperatoren nötig:			
	=	gleich	>	größer
	<>	ungleich	<=	kleiner gleich
	<	kleiner	>=	größer gleich
Prüfung	Wird als Wahrheitsprüfung nur ein Feldbezug verwendet, ergibt die Bedingung den Wahrheitswert **WAHR**, wenn sich in dem Feld ein Wert befindet. Ist das Feld leer, ergibt sich der Wahrheitswert **FALSCH**.			
Dann-Wert	Als **Dann-Wert** kann ein normaler Wert, eine Koordinate, eine Formel oder eine Funktion eingesetzt werden. Soll das Ergebnis ein Text sein, ist dieser in Anführungszeichen zu setzen. Soll das Feld als Ergebnis leer sein, sind direkt hintereinander zwei Anführungszeichen zu setzen "".			
Sonst-Wert	Für dieses Argument gelten die gleichen Regeln wie für das Argument Dann-Wert.			

- Er klickt in die Zelle B2 und sieht, dass Excel automatisch in das Feld Prüfung den Zellbezug B2 hineinschreibt.
- Hinter den Zellbezug B2 schreibt er den **Vergleichsoperator** für größer als **>** und dahinter den Vergleichswert **70000**.
- Philipp beobachtet, dass Excel am rechten Fensterrand als Ergebnis der Prüfung =FALSCH ausgibt.

Dies bedeutet nicht, dass Philipp falsch gearbeitet hat. Dies kennzeichnet lediglich, dass Excel den Wert der Zelle B2 (in diesem Fall 60700) darauf hin geprüft hat, ob der Wert größer als 70000 ist.

Da der Wert aber kleiner als 70000 ist, lautet das Ergebnis der Prüfung FALSCH.

- Philipp klickt in die Zeile **Dann_Wert** und danach wiederum in die Zelle B2. Er sieht, dass Excel den Zellbezug B2 auch diesmal automatisch in das Feld **Dann-Wert** schreibt und ergänzt den Wert mit der Eingabe: B2*8%.
- Zuletzt klickt Philipp in die Zeile **Sonst_Wert**, dann in die Zelle B2 und ergänzt die Angaben B2*5%.

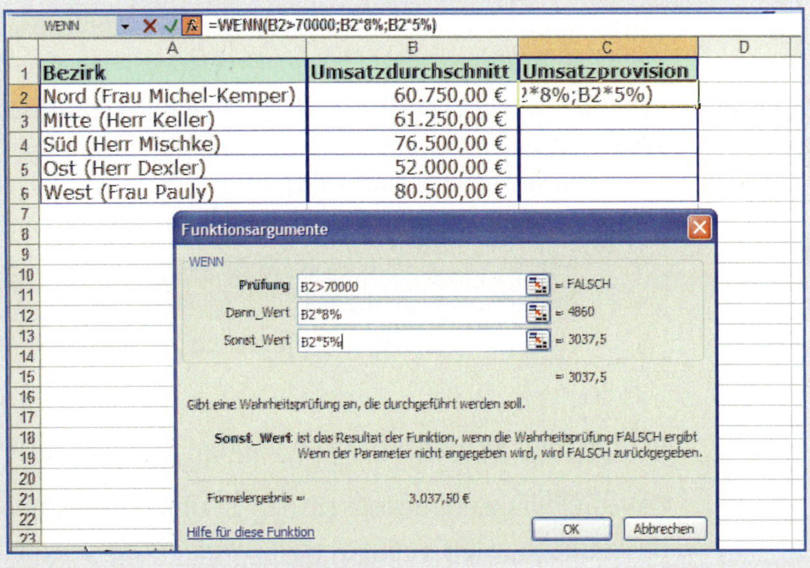

- Philipp sieht, dass in der Eingabezeile die Werte aus dem Funktionsassistenten übernommen wurden. Die einzelnen Bereiche sind dabei durch Semikolon getrennt.

C2	fx =WENN(B2>70000;B2*8%;B2*5%)

- Er bestätigt die Eingaben mit der Schaltfläche OK und **kopiert** die Funktion in die darunter liegenden Zellen.

C2 fx =WENN(B2>70000;B2*8%;B2*5%)

	A	B	C
1	**Bezirk**	**Umsatzdurchschnitt**	**Umsatzprovision**
2	Nord (Frau Michel-Kemper)	60.750,00 €	3.037,50 €
3	Mitte (Herr Keller)	61.250,00 €	3.062,50 €
4	Süd (Herr Mischke)	76.500,00 €	6.120,00 €
5	Ost (Herr Dexler)	52.000,00 €	2.600,00 €
6	West (Frau Pauly)	80.500,00 €	6.440,00 €

- Philipp aktiviert die Seitenansicht und klickt auf die Schaltfläche Layout.
- Aus dem Dialogfenster Seite einrichten wählt er die Registerkarte **Kopfzeile/Fußzeile** und klickt auf die Schaltfläche Benutzerdefinierte Fußzeile.
- Im linken Fenster gibt er seinen Namen ein, im mittleren Fenster den Firmennamen und im rechten Fenster fügt er das aktuelle Datum ein.
- Er bestätigt seine Eingaben mit OK und klickt danach auf die Schaltfläche Drucken in der Seitenansicht und aktiviert mit OK den Ausdruck.

Philipp möchte das Tabellenblatt **Regionale Umsätze** mit den neuen Werten ebenfalls drucken. Die vorhandene Fußzeile will er mit seinem Namen ergänzen.

- Er klickt auf das Tabellenblatt und aktiviert die **Seitenansicht**.
- Über Layout, Kopf/Fußzeile, **Benutzerdefinierte Fußzeile** ergänzt er hinter dem Namen von Christina seinen Namen und **druckt** die Tabelle für Herrn Schrader.
- Philipp speichert die Arbeitsmappe mit den Änderungen immer noch unter dem Dateinamen **Umsätze Bezirke** und **beendet** die Arbeitssitzung.

Herr Schrader ist mit Philipps Ergebnissen sehr zufrieden. Er selbst ist noch mit Terminarbeiten beschäftigt, daher will er Philipp mit einer weiteren verantwortungsvollen Aufgabe betreuen.

Er bittet Philipp, die Umsätze einzelner Vertreter statistisch auszuwerten und bespricht mit ihm die Vorgehensweise:

- → **Neues Tabellenblatt anlegen**
- → **Mit dem Namen Provisionen aller Vertreter benennen**
- → **Namen und Vornamen der Vertreter einfügen**
- → **Umsatzsumme eintragen**
- → **Provision ermitteln (Bei Umsatz bis zu 60.000 € 2 % vom Umsatz, sonst 4 %)**

Philipp freut sich über das Lob und die neue Aufgabe und geht sofort an die Arbeit.

Die von Philipp erarbeitete Lösung ist unter dem Namen **Umsätze Bezirke** im Internet auf der Homepage des Verlages www.winklers.de innerhalb der Buchbeschreibung zu finden.

27 Zellenbezüge

Die Kosten für das Versenden von Briefen sind in den letzten Monaten deutlich gestiegen, obwohl auch andere moderne Kommunikationsmittel zur Nachrichtenübermittlung genutzt werden. Durch eine Kostenanalyse der Portokosten soll festgestellt werden, wie hoch die Postausgaben sind und ob richtig frankiert wurde.

Frau Jung bittet Philipp, mithilfe von Excel eine Aufstellung der wöchentlichen Portokosten - zunächst nur für die Standardbriefe - zu erstellen. Die Anzahl der täglich verschickten Standardsendungen kann Philipp dem Postausgangsbuch entnehmen.

- Philipp öffnet eine neue Arbeitsmappe und speichert sie unter dem Namen **Portokosten** in einem **neuen Ordner** mit dem Namen **Ausgaben** auf dem Desktop.
- In die Zelle A1 schreibt Philipp die Überschrift: **Übersicht der Portokosten 20. KW.**
- Die Spaltenüberschriften ergänzt er wie folgt:
  - in Zelle A2 Wochentag
  - in Zelle B2 Anzahl der Sendungen
  - in Zelle C2 Gebühr je Brief
  - in Zelle D2 Portokosten
- Dabei erzeugt Philipp in den Zellen B2, C2 und D2 mit der Tastenkombination Alt + Return jeweils einen Zeilenumbruch.
- Die Zellen in Spalte **A** ergänzt er mit den **Wochentagen** und nutzt dabei die AutoAusfüll-Funktion.
- Philipp markiert die Zellen A1 : D1 und klickt auf das Symbol **Verbinden und zentrieren.** Er formatiert die Überschrift **fett** und hinterlegt die Zellen mit einer **hellgrünen** Füllfarbe.
- Die **Spaltenüberschriften** und **Wochentage** formatiert er im **Fettdruck**.
- Philipp **optimiert** die Spalten und rahmt die Tabelle übersichtlich.
- Nun speichert er, damit die Arbeit nicht verloren geht.

	A	B	C	D
1	Übersicht der Portokosten 20. KW.			
2	Wochentag	Anzahl der Sendungen	Gebühr je Brief	Portokosten
3	Montag			
4	Dienstag			
5	Mittwoch			
6	Donnerstag			
7	Freitag			

- Aus dem Postausgangsbuch entnimmt er die Anzahl der Standardsendungen der 20. Kalenderwoche und trägt sie in die Tabelle ein.
- Die Gebühr von **0,55 €** je Brief gibt er in die Zellen C3 und C4 ein. Er markiert die beiden Zellen und füllt die darunter liegenden Zellen mithilfe der AutoAusfüll-Funktion aus.
- Die Spalten **Gebühr je Brief** und **Portokosten** formatiert Phlipp im Währungsformat **EURO.**

	A	B	C	D
1	Übersicht der Portokosten 20. KW.			
2	Wochentag	Anzahl der Sendungen	Gebühr je Brief	Portokosten
3	Montag	21	0,55 €	
4	Dienstag	46	0,55 €	
5	Mittwoch	55	0,55 €	
6	Donnerstag	38	0,55 €	
7	Freitag	71	0,55 €	

- Um die Portokosten zu ermitteln, aktiviert Philipp die Zelle D3 und schreibt ein **Ist-Gleich-Zeichen** hinein.
- Mit einem Klick aktiviert er die Zelle B3, gibt das **Multiplikationszeichen** ein, klickt in die Zelle C3 und bestätigt die Formel mit Return.

	A	B	C	D
1	Übersicht der Portokosten 20. KW.			
2	Wochentag	Anzahl der Sendungen	Gebühr je Brief	Porto-kosten
3	Montag	21	0,55 €	=B3*C3
4	Dienstag	46	0,55 €	
5	Mittwoch	55	0,55 €	
6	Donnerstag	38	0,55 €	
7	Freitag	71	0,55 €	

	A	B	C	D
1	Übersicht der Portokosten 20. KW.			
2	Wochentag	Anzahl der Sendungen	Gebühr je Brief	Porto-kosten
3	Montag	21	0,55 €	11,55 €
4	Dienstag	46	0,55 €	25,30 €
5	Mittwoch	55	0,55 €	30,25 €
6	Donnerstag	38	0,55 €	20,90 €
7	Freitag	71	0,55 €	39,05 €

- Die Formel **kopiert** Philipp in die darunter liegenden Zellen.

*Frau Jung hat Philipp während seiner Arbeit über die Schulter gesehen und bespricht nun mit ihm das Ergebnis. Sie weist ihn darauf hin, dass seine Tabelle **redundante** Daten enthält. Weiter erläutert sie, dass man in der EDV darunter Daten versteht, die überflüssig oder unnötig sind bzw. mehrfach vorkommen.*

*Die von Philipp erstellte Tabelle enthält **mehrfach** den **gleichen Wert 0,56 €,** mit dem die Anzahl der Sendung multipliziert wird.*

27.1 Relative Zellenbezüge

Das Kopieren von Formeln und Funktionen in Excel ist sehr praktisch, besonders wenn man in Tabellen immer wieder gleiche Formeln benötigt. Die Zeitersparnis ist enorm!

Allerdings muss der Unterschied zwischen relativen und absoluten Bezügen beachtet werden.

Frau Jung erläutert Philipp, dass ein relativer Zellenbezug sich ändert, wenn er eine Formel kopiert.

So wurde beispielsweise in der Tabelle die Formel der Zelle D3 in die Zellen darunter kopiert.

Excel passte dabei automatisch die Zellenbezeichnungen (Zellenbezüge) an, und zwar **relativ** zu Zellenposition.

	A	B	C	D	
1	Übersicht der Portokosten 20. KW.				
2	Wochentag	Anzahl der Sendungen	Gebühr je Brief	Porto-kosten	Formel
3	Montag	21	0,55 €	11,55 €	=B3*C3
4	Dienstag	46	0,55 €	25,30 €	=B4*C4
5	Mittwoch	55	0,55 €	30,25 €	=B5*C5
6	Donnerstag	38	0,55 €	20,90 €	=B6*C6
7	Freitag	71	0,55 €	39,05 €	=B7*C7

Anhand der Tabelle zeigt Frau Jung, dass sich die Zellenbezeichnungen zeilenweise verändert haben.

Frau Jung bittet Philipp, die Tabelle so zu verändern, dass die **Gebühr** je Brief nur noch **einmal** in der Tabelle erscheint und diese gleichzeitig noch übersichtlicher zu gestalten.

- Philipp **entfernt** die **redundanten Daten,** ändert seine Tabelle und speichert das Ergebnis.

	A	B	C	D
1	Übersicht der Portokosten 20. KW.			
2				
3	Gebühr je Standardbrief			0,55 €
4				
5	Wochentag	Anzahl der Sendungen	Porto-kosten	
6	Montag	21		
7	Dienstag	46		
8	Mittwoch	55		
9	Donnerstag	38		
10	Freitag	71		

Frau Jung bittet Philipp, in die Zelle C6 die Formel =B6*D3 zu schreiben, um den Portobetrag zu ermitteln.

- Philipp schließt die Eingabe mit Return.

	A	B	C	D
1	Übersicht der Portokosten 20. KW.			
2				
3	Gebühr je Standardbrief			0,55 €
4				
5	Wochentag	Anzahl der Sendungen	Porto-kosten	
6	Montag	21	=B6*D3	
7	Dienstag	46		
8	Mittwoch	55		
9	Donnerstag	38		
10	Freitag	71		

	A	B	C	D
1	Übersicht der Portokosten 20. KW.			
2				
3	Gebühr je Standardbrief			0,55 €
4				
5	Wochentag	Anzahl der Sendungen	Porto-kosten	
6	Montag	21	11,55 €	
7	Dienstag	46		
8	Mittwoch	55		
9	Donnerstag	38		
10	Freitag	71		

- Danach kopiert er die Formel in die darunter liegenden Zellen.
- Über das Ergebnis ist Philipp sehr verwundert. Nur in einer Zelle wurde das Ergebnis angezeigt.

	A	B	C	D
1	Übersicht der Portokosten 20. KW.			
2				
3	Gebühr je Standardbrief			0,55 €
4				
5	Wochentag	Anzahl der Sendungen	Porto-kosten	
6	Montag	21	11,55 €	
7	Dienstag	46	- €	
8	Mittwoch	55	- €	
9	Donnerstag	38	- €	
10	Freitag	71	- €	

*Beim Kopieren ändert Excel die Zellenbezüge relativ zur Zellenposition. Das bedeutet, dass z. B. aus der Formel =B6*D3 die Formel =B7*D4 wird, dann =B8*D5 usw.*

Weil die Zellen D4 und D5 aber keine Werte enthalten, kommt es zu dem in der Tabelle angezeigten Ergebnis.

27.2 Absolute Zellenbezüge

Frau Jung erklärt Philipp, dass der Bezug der Zelle D3 kein relativer Bezug sein darf, sondern ein absoluter Bezug sein muss.

Absolute Zellenbezüge ände*rn sich beim Kopieren einer Formel nicht - sie bleiben konstant.*

Um eine Zellenadresse von einer relativen in eine absolute zu ändern, muss sowohl vor dem Spaltenbuchstaben als auch vor der Zeilennummer ein Dollarzeichen $ eingegeben werden, z. B. D3.

Diese absolute Zellenadressierung wird auch erreicht, wenn beispielsweise die Zelle D3 angeklickt und die Funktionstaste F4 gedrückt wird. Dadurch werden die Dollarzeichen automatisch von Excel eingefügt.

Philipp will diese neue Erkenntnis gleich ausprobieren.

- Er markiert die Zellen C6 : C10 und löscht die fehlerhaften Inhalte.
- Er aktiviert die Zelle C6, gibt ein Ist-Gleich-Zeichen ein, klickt in die Zelle B6 und fügt das Multiplikationszeichen ein.
- Nun klickt er in die Zelle D3 und drückt die Taste F4, um diese Zelle absolut zu setzen.
- Mit einem Blick in die Eingabezeile überzeugt er sich, dass die Formel stimmt und die Zelle D3 durch Dollarzeichen ergänzt wurde und schließt die Eingabe mit Return.

	A	B	C	D
1	Übersicht der Portokosten 20. KW.			
2				
3	Gebühr je Standardbrief			0,55 €
4				
5	Wochentag	Anzahl der Sendungen	Portokosten	
6	Montag	21	=B6*D3	
7	Dienstag	46		
8	Mittwoch	55		
9	Donnerstag	38		
10	Freitag	71		

- Philipp kopiert die Formel in die darunter liegenden Zellen.
- Zufrieden stellt Philipp fest, dass die Ergebnisse jetzt richtig angezeigt werden und **speichert** die Tabelle.

	A	B	C	D
1	Übersicht der Portokosten 20. KW.			
2				
3	Gebühr je Standardbrief			0,55 €
4				
5	Wochentag	Anzahl der Sendungen	Portokosten	
6	Montag	21	11,55 €	
7	Dienstag	46	25,30 €	
8	Mittwoch	55	30,25 €	
9	Donnerstag	38	20,90 €	
10	Freitag	71	39,05 €	
11				

- Philipp klickt noch einmal in jede Ergebniszelle und sieht, dass der Zellbezug der Zelle **B6** sich relativ zur Zellposition verändert hat. Der Zellbezug der Zelle **D3** ist allerdings überall gleich bzw. absolut geblieben.

	A	B	C	D	E
1	Übersicht der Portokosten 20. KW.				
2					
3	Gebühr je Standardbrief			0,55 €	
4					
5	Wochentag	Anzahl der Sendungen	Porto-kosten		Formel
6	Montag	21	11,55 €		=B6*D3
7	Dienstag	46	25,30 €		=B7*D3
8	Mittwoch	55	30,25 €		=B8*D3
9	Donnerstag	38	20,90 €		=B9*D3
10	Freitag	71	39,05 €		=B10*D3

Philipp hat seine Sache gut gemacht. Den Vorteil, mit absoluten Zahlen zu arbeiten, hat er verstanden. Er weiß jetzt, dass die ursprünglichen Koordinaten sich nicht verändern und will diese Funktion für seine weiteren Recherchen anwenden.

Frau Jung bittet Philipp, die Arbeit mit der Kostenanalyse der Portokosten zu unterbrechen und die dringend benötigte Aufstellung über die Aushilfslöhne in der Abteilung zu erstellen bzw. zu ergänzen und zu vervollständigen. Sie bespricht mit Philipp, was die Tabelle beinhalten soll und wie diese aussehen sollte und weist nochmals auf die Dringlichkeit hin.

- Philipp öffnet eine neue Excel-Mappe und speichert diese sofort unter dem Namen ***Aushilfslöhne*** in einem neuen Ordner **Löhne und Gehälter** unter **Eigene Dateien.**
- Dann klickt er mit der Maus auf die Tabellenzunge des ersten Tabellenblattes und bezeichnet es mit **20. Kalenderwoche.**
- Er klickt in die Zelle **A1** und beginnt mit der Eingabe, Gestaltung und Formatierung der Tabelle.

	A	B	C	D	E	F	G	H
1	Aushilfslöhne 20. Kalenderwoche						Stundenlohn	8,20 €
2	Name	Vorname	Wochentag	Arbeits-beginn	Arbeits-ende	Arbeitszeit in Stunden	Aushilfslohn pro Tag	Aushilfslohn pro Person
3	Blache	Marion	Montag	09:00	14:00			
4			Dienstag	08:00	12:00			
5			Mittwoch	09:30	13:30			
6			Donnerstag	0	0			
7			Freitag	10:00	14:00			
8	Keim	Yvonne	Montag	12:45	19:45			
9			Dienstag	11:30	13:30			
10			Mittwoch	11:15	15:15			
11			Donnerstag	12:00	15:00			
12			Freitag	12:15	14:15			
13	Teschke	Franziska	Montag	07:00	13:00			
14			Dienstag	08:15	13:15			
15			Mittwoch	0	0			
16			Donnerstag	08:00	13:00			
17			Freitag	07:00	13:00			
18							Aushilfslohn gesamt:	

- Nachdem Philipp mit allen Eingaben und Formatierungen fertig ist, speichert er die Tabelle.

- Nun will Philipp die Differenz zwischen Arbeitsende und Arbeitsbeginn ermitteln.
- Er klickt in die Zelle F3, gibt ein **Ist-Gleich-Zeichen** ein, klickt in die Zelle E3, gibt ein **Minuszeichen** ein, klickt in die Zelle D3 und bestätigt seine Eingabe mit Return.

WENN =E3-D3

	A	B	C	D	E	F
1	Aushilfslöhne 20. Kalenderwoche					
2	Name	Vorname	Wochentag	Arbeits-beginn	Arbeits-ende	Arbeitszeit in Stunden
3	Blache	Marion	Montag	09:00	14:00	=E3-D3
4			Dienstag	08:00	12:00	
5			Mittwoch	09:30	13:30	

F3 =E3-D3

	A	B	C	D	E	F
1	Aushilfslöhne 20. Kalenderwoche					
2	Name	Vorname	Wochentag	Arbeits-beginn	Arbeits-ende	Arbeitszeit in Stunden
3	Blache	Marion	Montag	09:00	14:00	05:00
4			Dienstag	08:00	12:00	
5			Mittwoch	09:30	13:30	

- Die Formel kopiert Philipp in die darunter liegenden Zellen.

Philipp erinnert sich, dass Excel mit den Datumsformaten in der Spalte F nicht rechnen kann. Das Datumsformat muss erst in eine Dezimalzahl umgewandelt werden. Dazu will er die Funktion =Stunde() benutzen, die ein Zeitformat in eine Zahl umwandelt.

- Er klickt in die Zelle G3, gibt ein **Ist-Gleich-Zeichen** ein, schreibt das Wort **Stunde** und das Zeichen für „Klammer auf" **(** hinein.
- Jetzt klickt er in die Zelle F3 und schließt seine Eingabe mit Return.

G3 =STUNDE(F3)

	A	B	C	D	E	F	G	H
1	Aushilfslöhne 20. Kalenderwoche						Stundenlohn	
2	Name	Vorname	Wochentag	Arbeits-beginn	Arbeits-ende	Arbeitszeit in Stunden	Aushilfslohn pro Tag	
3	Blache	Marion	Montag	09:00	14:00	05:00	5,00	
4			Dienstag	08:00	12:00	04:00		

Mit dem Zellinhalt der Zelle G3 kann Philipp jetzt weiter rechnen und den Aushilfslohn pro Tag ermitteln. Dazu muss er den Wert der Zelle G3 mit dem Wert der Zelle H1 (Stundenlohn) multiplizieren. Philipp muss dabei besonders darauf achten, dass die Zelle H1 absolut adressiert wird.

- Erneut klickt Philipp in die Zelle G3.
- Mit dem Cursor klickt er in die **Eingabezeile** hinter die Klammer und gibt das **Multiplikationszeichen** ein.

- Danach klickt er in die Zelle H1 und drückt auf die Taste F4, um die Zelle absolut zu adressieren und beendet die Eingabe mit Return.

G3 =STUNDE(F3)

	A	B	C	D	E	F	G
1	Aushilfslöhne 20. Kalenderwoche						Stundenlohn
2	Name	Vorname	Wochentag	Arbeitsbeginn	Arbeitsende	Arbeitszeit in Stunden	Aushilfslohn pro Tag
3	Blache	Marion	Montag	09:00	14:00	05:00	5,00 €
4			Dienstag	08:00	12:00	04:00	
5			Mittwoch	09:30	13:30	04:00	

- Er prüft noch einmal die Formel in der Eingabezeile (Editierzeile) und kopiert dann die Formel in die darunter liegenden Zellen.
- Zuletzt ermittelt Philipp in der **Spalte H** die Aushilfslöhne **pro Person/Woche.**
- In der Zelle H18 ermittelt er abschließend die **Summe** aller Aushilfslöhne.
- Die **Werte** in den Spalten **G** und **H** formatiert er in **EURO** und **speichert** die Tabelle.

	A	B	C	D	E	F	G	H
1	Aushilfslöhne 20. Kalenderwoche						Stundenlohn	8,20 €
2	Name	Vorname	Wochentag	Arbeitsbeginn	Arbeitsende	Arbeitszeit in Stunden	Aushilfslohn pro Tag	Aushilfslohn pro Person
3	Blache	Marion	Montag	09:00	14:00	05:00	41,00 €	139,40 €
4			Dienstag	08:00	12:00	04:00	32,80 €	
5			Mittwoch	09:30	13:30	04:00	32,80 €	
6			Donnerstag	0	0	00:00	- €	
7			Freitag	10:00	14:00	04:00	32,80 €	
8	Keim	Yvonne	Montag	12:45	19:45	07:00	57,40 €	147,60 €
9			Dienstag	11:30	13:30	02:00	16,40 €	
10			Mittwoch	11:15	15:15	04:00	32,80 €	
11			Donnerstag	12:00	15:00	03:00	24,60 €	
12			Freitag	12:15	14:15	02:00	16,40 €	
13	Teschke	Franziska	Montag	07:00	13:00	06:00	49,20 €	180,40 €
14			Dienstag	08:15	13:15	05:00	41,00 €	
15			Mittwoch	0	0	00:00	- €	
16			Donnerstag	08:00	13:00	05:00	41,00 €	
17			Freitag	07:00	13:00	06:00	49,20 €	
18							Aushilfslohn gesamt:	467,40 €

- Bevor Philipp die Tabelle druckt, wechselt er in die **Seitenansicht**.
- Er klickt auf die Schaltfläche **Layout** und wählt aus dem Dialogfenster Seite einrichten die Registerkarte **Kopf-/Fußzeile.**
- Er aktiviert die Schaltfläche Benutzerdefinierte Fußzeile und gibt im linken Fenster seinen ***Namen*** ein, in der Mitte fügt er über das Symbol den Tabellenblattnamen ein und im rechten Fenster fügt er über das Symbol **das aktuelle Datum** ein.
- Die Eingaben bestätigt er mit OK.
- Danach klickt er auf die Registerkarte **Papierformat** und aktiviert die Option **Querformat**.
- In der Registerkarte **Seitenränder** aktiviert er **Auf der Seite zentrieren** das Kontrollkästchen **Horizontal** und schließt mit OK das Dialogfenster Seite einrichten.
- Er aktiviert über die Schaltfläche **Drucken** das Dialogfenster Drucken und bestätigt mit OK den Druck der Tabelle.
- Danach **speichert** er sein Ergebnis und **schließt** die Excelmappe.

28 Rechnungsvordruck erstellen

Philipp bearbeitet gerade einen Auftrag der Firma „radsport kredel" in Brensbach und hat für eine Lieferung die Rechnung ausgestellt. Dabei ist ihm aufgefallen, dass es viel einfacher wäre, Rechnungen in Excel statt dem Textverarbeitungsprogramm Word zu schreiben. Er könnte die Berechnungen einfacher durchführen und die Werte automatisch aktualisieren. Dafür müsste er allerdings einen Rechnungsvordruck erstellen und mit Formeln versehen.

Ende des Monats wird er die Abteilung wieder verlassen. Zum Abschied will er Frau Jung mit einem Rechnungsvordruck in Excel überraschen. Philipp nimmt sich eine Rechnung als Muster und beginnt mit der Arbeit.

- Er öffnet eine neue Excelmappe und speichert diese zunächst unter dem Namen **Rechnungsvordruck** auf dem Desktop.
- Über das Menü - DATEI - SEITE EINRICHTEN öffnet er das gleichnamige Dialogfenster und nimmt in der Registerkarte **Seitenränder** folgende Einstellungen vor: **oben 1,6, unten 2, links 2,4** und **rechts 1** und bestätigt mit OK.

Bei der Gestaltung der Rechnung achtet Philipp darauf, dass sie der Normvorschrift DIN 4991 entspricht und u. a. daher auch in eine Fensterbriefhülle passt.

- Philipp erstellt anhand des vorhandenen Rechnungsvordruckes ein Raster mit Spalten und Zeilen und schreibt alle notwendigen Angaben unformatiert in die Zellen.

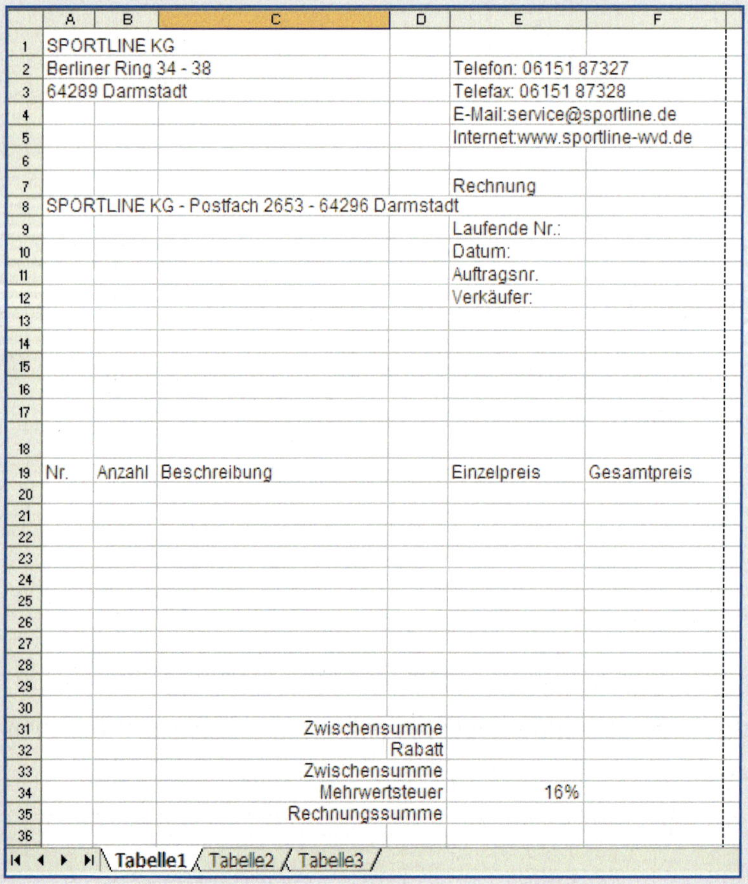

	A	B	C	D	E	F
1	SPORTLINE KG					
2	Berliner Ring 34 - 38				Telefon: 06151 87327	
3	64289 Darmstadt				Telefax: 06151 87328	
4					E-Mail:service@sportline.de	
5					Internet:www.sportline-wvd.de	
6						
7					Rechnung	
8	SPORTLINE KG - Postfach 2653 - 64296 Darmstadt					
9					Laufende Nr.:	
10					Datum:	
11					Auftragsnr.	
12					Verkäufer:	
13						
14						
15						
16						
17						
18						
19	Nr.	Anzahl	Beschreibung		Einzelpreis	Gesamtpreis
20						
21						
22						
23						
24						
25						
26						
27						
28						
29						
30						
31				Zwischensumme		
32				Rabatt		
33				Zwischensumme		
34				Mehrwertsteuer	16%	
35				Rechnungssumme		
36						

Tabelle1 / Tabelle2 / Tabelle3

Philipp markiert das Tabellenblatt, wählt die **Schriftart Arial,** den **Schriftgrad 12** und die **Schriftfarbe Standard** aus.

28.1 Rechnungsvordruck formatieren

Um den Rechnungsvordruck repräsentativ zu gestalten, markiert Philipp das gesamte Tabellenblatt. Er wählt die Schriftart **Arial** und den Schriftgrad **12**.

Für die weiteren Formatierungen verwendet er die Angaben, die er in einer Tabelle zusammen gestellt hat.

Bezeichnung	Schriftgrad	Schrifschnitt	Farbe
SPORTLINE KG	16	Fett	Blau
Berliner Ring 34 - 38	10	Standard	Blau
64289 Darmstadt	12	Fett	Blau
Telefon: 06151 87327	10	Standard	Blau
Telefax: 06151 87238	10	Standard	Blau
E-Mail: sportline@t-online.de	8	Standard	Automatisch
Internet: www.sportline.de	8	Standard	Automatisch
SPORTLINE KG - Postfach 26 53 - 64296 Darmstadt	8	Standard	Automatisch
Rechnung	16	Fett	Automatisch
Laufende Nr. :	10	Standard	Automatisch
Datum:	10	Standard	Automatisch
Auftragsnummer:	10	Standard	Automatisch
Verkäufer:	10	Standard	Automatisch
Nr., Anzahl, Beschreibung, Einzelpreis, Geamtpreis	12	Fett	Automatisch
Zwischensumme, Rabatt, Zwischensumme, Mehrwertsteuer, 16 %	12	Standard	Automatisch
Rechnungssumme	12	Fett	Automatisch

Für die **Zeilenhöhen** hat er die Maße ermittelt und verändert sie über Menü - FORMAT - ZEILE - HÖHE ...

Zeile 1	= 17,25
Zeile 2 - 6	= 15
Zeile 7	= 17,25

Zeile 8	= 12,75
Zeile 9 - 17	= 15
Zeile 18	= 24

Zeile 19	= 15,75
Zeile 20 - 30	= 29,25

Zeile 31 - 34	= 15
Zeile 35	= 28,5

Philipp muss u. a. noch einige Zellen verbinden und den Zeilenumbruch festlegen.

- Er **markiert** die Zellen A8 : C8 und klickt auf das Symbol **Verbinden und zentrieren.**
- Für das Anschriftfeld markiert er die Zellen A9 : C9 . Über **Zellen formatieren** öffnet er die Registerkarte **Ausrichtung**, wählt die Option **Zellen verbinden** und bei Textrichtung **Von links nach rechts.**
- Die Formatierung kopiert er bis zu den Zellen A17 : C17 .
- Philipp markiert die Zellen A20 : B30 und öffnet die Registerkarte **Ausrichtung**. Bei **Textausrichtung Vertikal** klickt er auf den Drop-down-Pfeil, wählt die Richtung **oben** und bestätigt mit OK.
- Er aktiviert die Zellen C20 und D20 und formatiert diese mit **Zeilenumbruch** und verbindet die beiden Zellen. Er kopiert die Formatierung bis in die Zellen C30 : D30 .
- Damit die Formatierung nicht verloren geht, **speichert** Philipp den Vordruck.
- Für die **Spaltenbreiten** hat Philipp folgende Maße ermittelt. Er verändert sie über Menü - FORMAT - SPALTE - BREITE...

  Spalte A = 6 Spalte B = 7,57 Spalte C = 29,57 Spalte D = 7 Spalte E = 17 Spalte F = 17,57
- Er setzt die Rahmen wie vorgegeben und fügt zum Abschluss das **Firmenlogo** ein.
- Philipp **kontrolliert** nochmals alle Maße und Formatierungen und speichert den Vordruck.

SPORTLINE KG
Berliner Ring 34 - 38
64289 Darmstadt

Telefon: 06151 87327
Telefax: 06151 87328
E-Mail: service@sportline.de
Internet: www.sportline-wvd.de

Rechnung

SPORTLINE KG - Postfach 26 53 - 64296 Darmstadt

Laufende Nr.:
Datum:
Auftragsnr.:
Verkäufer:

Nr.	Anzahl	Beschreibung	Einzelpreis	Gesamtpreis

Zwischensumme
Rabatt
Zwischensumme
Mehrwertsteuer 16%

Rechnungssumme

28.2 Formeln eingeben

Philipp will jetzt noch die Formeln und Funktionen in den Rechnungsvordruck eingeben, damit bei der Rechnungsstellung Excel die Beträge automatisch ermittelt.

- In der Zelle F20 gibt Philipp ein **Ist-Gleich-Zeichen** ein und klickt in die Zelle B20 (Anzahl), fügt ein **Multiplikationszeichen** hinzu und klickt auf die Zelle E20 (Einzelpreis) und bestätigt mit Return, um den Gesamtpreis zu erhalten.
- Diese Formel kopiert Philipp in die darunter liegenden Zellen F21 : F30.
- In der Zelle F31 gibt Philipp für die Zwischensumme die Formel ein =SUMME(F20:F30) und schließt mit **Return**.

Die Zelle F32 hat Philipp für den Rabatt vorgesehen. Er weiß, dass die SPORTLINE KG ihren Kunden bei einem Auftrag von mehr als 20.000 € 4 % Rabatt gewährt. Bei einer niedrigeren Auftragssumme erhalten die Kunden keinen Rabatt. Ob der Kunde Rabatt erhält, will Philipp mithilfe der WENN-Funktion ermitteln.

- Philipp klickt mit der Maus in die Zelle F32 und öffnet den Funktionsassistenten.
- Er wählt die **WENN**-Funktion und gibt die Bedingungen ein.
- Philipp klickt nun in die Zelle F33 und gibt die Formel ein, mit der die **Zwischensumme** ermittelt wird.
- Die **Mehrwertsteuer** ermittelt Philipp in der Zelle F34.
- Am Ende legt Philipp noch in Zelle F35 die Formel für den **Gesamtbetrag** der Rechnung fest.

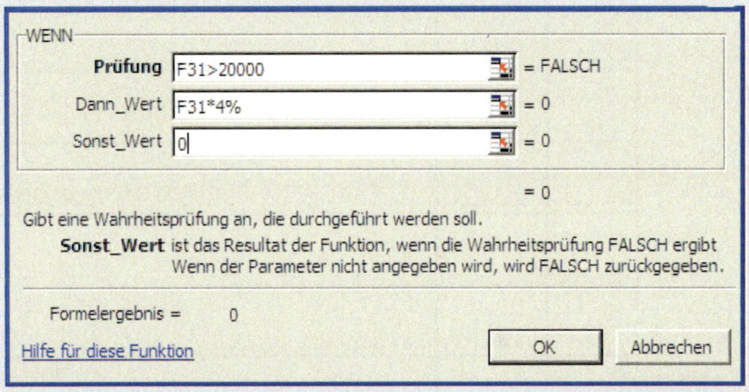

- Damit die Werte im richtigen Währungsformat ausgegeben werden, markiert Philipp die Zellen E20 : E30 und F20 : F35 und formatiert sie mit dem **EURO**-Format.
- Die Zelle F35, die den Gesamtpreis ausweist, formatiert er im Schriftschnitt **fett**.

28.3 Formeln einblenden

Philipp will sich die Formeln im Rechnungsvordruck anschauen.

- Dazu öffnet er das Menü – EXTRAS – OPTIONEN.
- In der Registerkarte **Ansicht** aktiviert er das Kontrollkästchen **Formeln**.

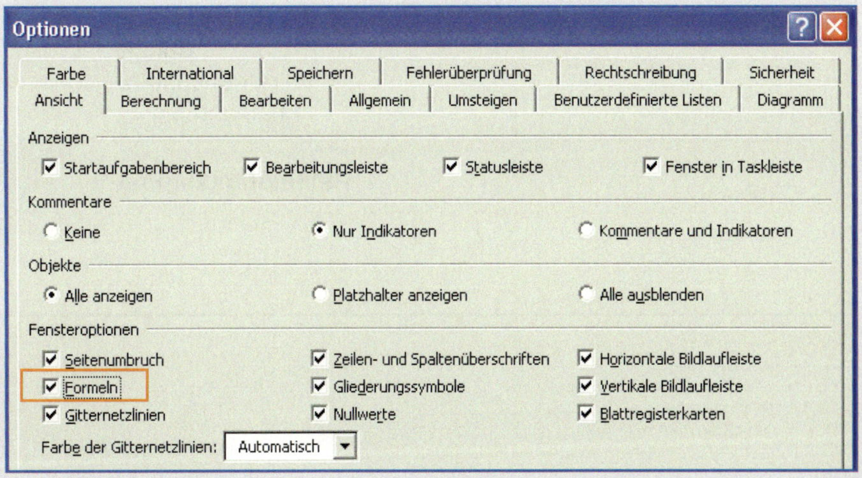

SPORTLINE KG
Berliner Ring 34 - 38
64289 Darmstadt

Telefon: 06151 87327
Telefax: 06151 87328
E-Mail: service@sportline.de
Internet: www.sportline-wvd.de

Rechnung

SPORTLINE KG - Postfach 26 53 - 64296 Darmstadt

Laufende Nr.:
Datum:
Auftragsnr.:
Verkäufer:

Nr.	Anzahl	Beschreibung	Einzelpreis	Gesamtpreis
				- €
				- €
				- €
				- €
				- €
				- €
				- €
				- €
				- €
				- €
				- €

Zwischensumme		- €
Rabatt		- €
Zwischensumme		- €
Mehrwertsteuer	16%	- €
Rechnungssumme		**- €**

SPORTLINE KG
Berliner Ring 34 - 38
64289 Darmstadt

Telefon: 06151 87327
Telefax: 06151 87328
E-Mail: service@sportline.de
Internet: www.sportline-wvd.de

SPORTLINE KG - Postfach 26 53 - 64296 Darmstadt

Rechnung

Laufende Nr.:
Datum:
Auftragsnr.:
Verkäufer:

Nr.	Anzahl	Beschreibung	Einzelpreis	Gesamtpreis
				=B20*E20
				=B21*E21
				=B22*E22
				=B23*E23
				=B24*E24
				=B25*E25
				=B26*E26
				=B27*E27
				=B28*E28
				=B29*E29
				=B30*E30
		Zwischensumme		=SUMME(F20:F3
		Rabatt		=WENN(F31>20(
		Zwischensumme		=F31-F32
		Mehrwertsteuer	16%	=F33*E34
		Rechnungssumme		**=Summe(F33+F3**

28.4 Rechnungsvordruck speichern und schließen

Ein großes Stück Arbeit hat Philipp hinter sich. Der Rechnungsvordruck ist fertig und wie das Original gestaltet, formatiert und zusätzlich mit Formeln und Funktionen ergänzt. Es war keine leichte Aufgabe. Damit alle Mitarbeiter auf den Rechnungsvordruck zugreifen können, will er diesen als Mustervordruck speichern.

- Philipp öffnet über das Menü - DATEI - SPEICHERN UNTER... das Dialogfenster Speichern unter.
- Bei **Dateityp** klickt er auf den Drop-down-Pfeil und wählt **Mustervorlage** aus.
- Mit einem Blick auf **Speichern in:** erkennt Philipp, dass Excel in den Ordner **Vorlagen** gesprungen ist.
  Dort werden alle als Mustervorlage definierten Vordrucke abgelegt.

Zur besseren Übersicht über alle innerbetrieblich erstellten und verwendeten Vordrucke will er einen neuen Ordner anlegen, in dem alle selbst erstellten Vordrucke gespeichert werden sollen.

- Er klickt auf das Symbol neuen Ordner erstellen und schreibt den Namen **Betriebliche Vordrucke** in das einzeilige Listenfeld.

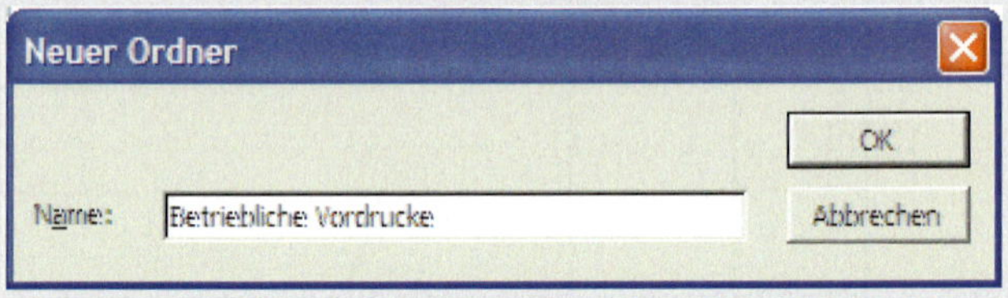

- Mit OK bestätigt er die Eingabe und sogleich erscheint der Ordner neben **Speichern in:**
- Bei Dateiname schreibt Philipp Rechnungsvordruck hinein und bestätigt mit Speichern.
- Philipp schließt die als Mustervorlage gespeicherte Excelmappe.

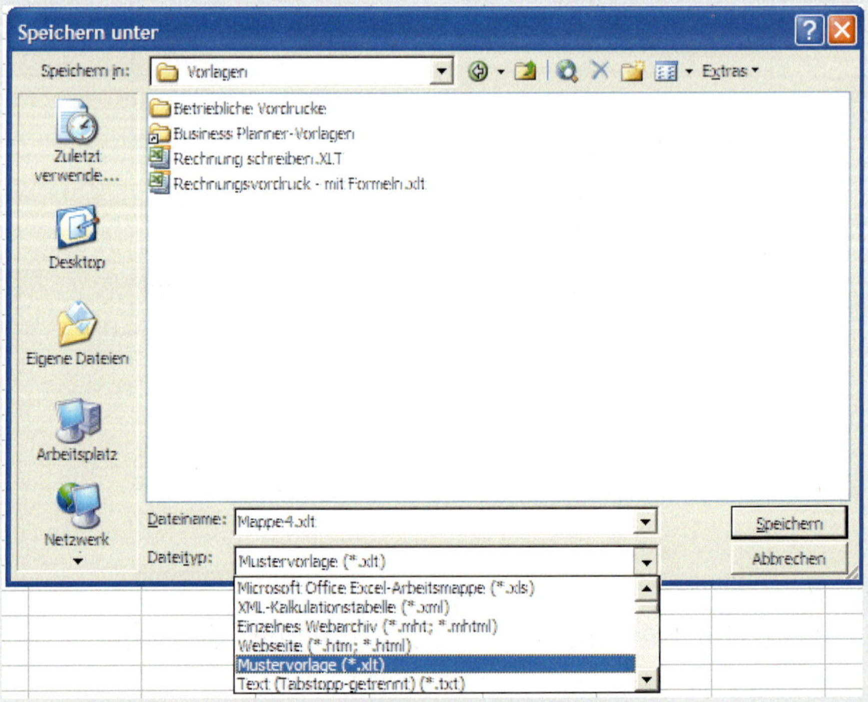

Dies ist sehr wichtig, damit der mühsam erstellte Rechnungsvordruck nicht mit Daten überschrieben wird.

PC4689102

28.5 Rechnungsvordruck öffnen

Die **Mustervorlage Rechnung** öffnet Philipp über Menü - DATEI - NEU. Rechts wird nun der Aufgabenbereich eingeblendet.

- Philipp klickt auf den Hyperlink **Auf meinem Computer.**

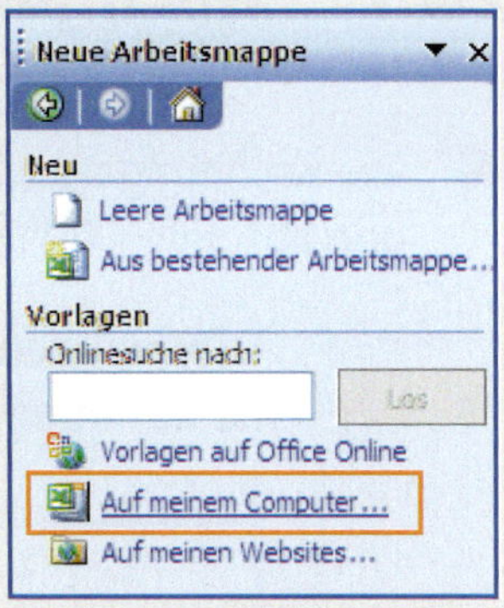

Es öffnet sich das Dialogfenster Vorlagen. Philipp sieht, dass eine weitere Registerkarte mit **Betriebliche Vordrucke** hinzugefügt wurde.

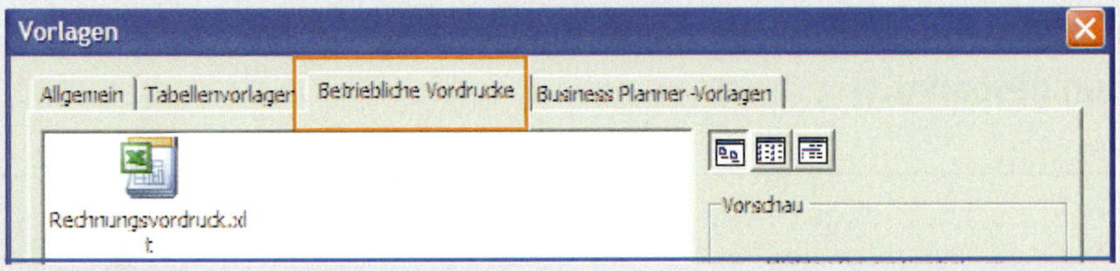

- Mit Klick auf die **Registerkarte** holt er diese in den Vordergrund, markiert den Vordruck und klickt auf OK.

Die Mustervorlage **Rechnung** wurde nun als Kopie geöffnet, kann mit neuen Daten beschrieben und als Microsoft Excelmappe gespeichert werden.

- Philipp druckt den Mustervordruck für die Vordruckmappe aus.

28.6 Rechnung schreiben

Philipp will gleich ausprobieren, ob sich der neue Rechnungsvordruck für die tägliche Arbeit eignet.

- Er klickt in die Zelle A11 und gibt den Namen des Kunden ein ***radsport kredel.***
- In der nächsten Zeile schreibt er die Straße ***An der B 38.***
- In die Zelle A14 ergänzt er die Postleitzahl und den Ort ***64396 Brensbach.***
- Als **Rechnungsnummer** gibt er die fortlaufende Nummer **4586** ein, ergänzt das **Erstellungsdatum der Rechnung**, die **Auftragsnummer 4184** und den Namen des Verkäufers **Herr Mischke.**
- In die Zelle A20 gibt er die Zahl **1** für die laufende Position, bei Anzahl ergänzt er die Zahl **3** und schreibt die **Bezeichnung** der gelieferten Räder in die Spalte **Beschreibung**.
- In die Zelle E20 schreibt Philipp den Einzelpreis von ***999*** hinein.
- Philipp ergänzt die restlichen Positionen und Artikel.

	A	B	C	D	E	F	G	H	I	J
18										
19	Nr.	Anzahl	Beschreibung		Einzelpreis	Gesamtpreis				
20	1	3	Mountainbike "Stern" Modell Comfort C6, 27 Gang		999,00 €	2.997,00 €				
21	2	4	Citybike "Centurion" Modell City Comfort, 24 Gang		699,00 €	2.796,00 €				
22	3	5	Rennrad "Pinarello" Modell Price, 18 Gang		3.890,00 €	19.450,00 €				
23	4	3	Dreirad "Pucky" Modell RO3L, Luftbereitfung		59,00 €	177,00 €				

Mit der letzten Eingabe ist die Rechnung wie von selbst fertig gestellt!

Alle Gesamtpreise sind ermittelt, alle Zwischensummen, der Rabatt, die Mehrwertsteuer und die Gesamtsumme wurden automatisch berechnet!

28.7 Rechnung speichern und drucken

- Die Rechnung speichert Philipp unter dem Namen ***radsport kredel 4586*** in dem Ordner **Rechnungen** auf dem Desktop.

Diesmal benötigt er drei Ausdrucke, denn einen Ausdruck will er Frau Jung zeigen und ist auf ihre Reaktion gespannt.

SPORTLINE KG
Berliner Ring 34 - 38
64289 Darmstadt

Telefon: 06151 87327
Telefax: 06151 87328
E-Mail: service@sportline.de
Internet: www.sportline-wvd.de

Rechnung

SPORTLINE KG - Postfach 26 53 - 64296 Darmstadt

radsport kredel
An der B 38
64396 Brensbach

Laufende Nr.:	4586
Datum:	heute
Auftragsnr.:	4184
Verkäufer:	Herr Mischke

Nr.	Anzahl	Beschreibung	Einzelpreis	Gesamtpreis
1	3	Mountainbike "Stern" Modell Comfort C6, 27 Gang	999,00 €	2.997,00 €
2	4	Citybike "Centurion" Modell City Comfort, 24 Gang	699,00 €	2.796,00 €
3	5	Rennrad "Pinarello" Modell Price, 18 Gang	3.890,00 €	19.450,00 €
4	3	Dreirad "Pucky" Modell RO3L, Luftbereifung	59,00 €	177,00 €
				- €

Zwischensumme		25.420,00 €
Rabatt		1.016,80 €
Zwischensumme		24.403,20 €
Mehrwertsteuer	16%	3.904,51 €
Rechnungssumme		28.307,71 €